오직 믿음으로

오직 믿음으로

· 초판 1쇄 발행 2013년 12월 10일

· 지은이 이항봉
· 펴낸이 민상기 · 편집장 이숙희 · 펴낸곳 도서출판 드림북
· 등록번호 제 65 호 · 등록일자 2002. 11. 25.
· 경기도 의정부시 가능1동 639-2(1층) · Tel (031)829-7722, Fax(031)829-7723

· 책번호 64
· 잘못된 책은 교환해 드립니다.
· 이 출판물은 저작권법에 의해 보호를 받는 저작물이므로 무단 복제할 수 없습니다.
· 독자의 의견을 기다립니다.
· www.dreambook21.co.kr

남호네 일본선교 이야기 그 10년의 여정

오직
믿음
으로

이항봉

드틱북

잘 알지도 못하면서
(Like You Know It All)

고무송 목사
(한국교회인물연구소 소장)

- 여보세요. 일본 이항봉선교사입니다.
- 안녕하세요. 어쩐 일로 핸드폰 전화까지?
- 급히 드릴 말씀이 있어서요. 이번에 책을 내는데, 추천사 좀
  써 주십사고요.
- 어떤 책인데요? 제가 추천사까지?
- 선교에 관한 간증인데, 고목사님께서 꼭 좀…

　지난 가을 어느 날이었습니다. 서울 덕수궁 뒤안길 서울
시립미술관에서 열리고 있는 전시회를 돌아보고 있는데, 일
본에서 선교사로 활동하고 있는 이항봉 목사가 전화를 걸어
왔습니다. 갑자기, 그것도 비싼 스마트폰 전화였습니다. 그
날 전시회는 김구림 화백의 '잘 알지도 못하면서'(Like You
Know It All) 제목으로 열리고 있는, 다양한 장르의 작품들

이 전시됨으로써, 단순히 서양화가로만 알고있던 작가의 다채로운 작품세계를 섭렵할 수 있는 좋은 기회였습니다.

이번 〈SeMA Green 김구림: 잘 알지도 못하면서〉에서는 김구림 화백의 작품 세계 중 1960-70년대 실험작품들을 위주로 선보이며, 발표 후 유실된 작품들과 에스키스로만 존재하고 기술적인, 혹은 현실 제약적인 문제로 실현되지 못한 작품들이 비로소 세상의 빛을 보게 되었다.

안내서에 밝히고 있는 그대로, 김구림 화백의 다채로운 모습을 구체적으로 살펴볼 수 있는 전시회였습니다. 문득, 이항봉 선교사의 전화와 전시회와의 상관관계가 어렴풋 이어지는 것 아닌가, 하는 느낌이 스쳤습니다.

- "나는 과연 이항봉 선교사에 대해서 무엇을 알고 있는 것일까?"
- "나는 과연 일본선교에 대해 무엇을 알고 있는 것일까?"

결국, '잘 알지도 못하면서' '어떻게 추천사를 쓸 수 있단 말인가?' - 그런 생각을 하게 됐습니다. 총회파송 영국선교사로 사역을 했고, 선교학 논문을 썼으며, 세계 여러 곳을 찾아 현지 선교사들과 더불어 선교세미나를 인도했던 필자로

서, 과연 선교에 대해서 무엇을 알고 있단 말인가. 하물며 추
천사를 집필할 자격이 있는가? 그동안 이항봉 선교사의 이
메일을 받을 때마다 답신은 열심히 해준다고 했지만, 나는
과연 이선교사의 선교사역에 관해 무엇을, 어떻게, 얼마나
알고 있단 말인가? 그와 주고 받았던 이메일을 찬찬히 뒤적
여 봐야 했습니다. 최근 나눈 내용에 눈길이 머물렀습니다.

　　사랑하는 이항봉선교사님 가족에게

　　보내주신 선교편지 잘 받아보았습니다. 늘 느끼고 있습니다
　　만, 선교편지 내용이 깊습니다. 현장리포트 인하여 생생한 현
　　장감을 깊이 느끼고 있습니다. 마치 선지자 요나가 그토록 기
　　피했던 니느웨. 그 니느웨 같은 일본땅을 찾아간 선교사님의
　　믿음에 경의를 표합니다. 적지(敵地)에 낙하(落下), 고군분투
　　(孤軍奮鬪)하시는 이선교사님과 가족들에게 삼가 위로와 격려
　　의 말씀을 전해 드립니다. 바로 그 심장부에서 그들의 회개 없
　　는 추악한 모습을 선교사님께서 낱낱이 목격하고 생생한 리포
　　트를 실시간으로 전해줌으로써, 역사적으로 특별한 관계에 놓
　　여있는 한국과 일본, 두 나라 사이의 역사적 갈등과 반목과 증
　　오, 아직도 반성이 없는 그들을 향하여 우리는 어떻게 해야 할
　　것인가? 절로 기도가 용솟음 치는 것입니다.

하나님이여, 어느 때까지니이까?
역사를 주관하시는 하나님의 시간, kairos, 그 시간은 과연 언제입니까?

요즘 한국에서는 역사논쟁이 한창입니다. 아예 '역사전쟁'(歷史戰爭)이라고까지 얘길합니다. 일본침략이 한국근대화에 기여했다는 얘길 공공연히 떠들어대는 패거리들도 있습니다. 영락없이 친일파 매국노의 자식들입니다. 조상들의 행적을 합리화, 내지 미화시키고 있답니다. 경향신문 9월27일자 '여적'(餘滴)란에 김철웅 논설실장이 쓴 '친일파 후손의 용기'라는 제목의 칼럼입니다. 그는 이 글 속에서, 최근 충북 청주시를 상대로 친일파 민영은의 후손이 제기한 조상의 땅 반환소송에서 승소한 바 있는데, 그것을 포기해야 한다는 어느 후손의 용기를 칭송합니다. 부끄러운 선조의 땅을 찾고자 하는 자손들의 행위가 부끄럽고, 사죄하는 것이 마땅하다는 것입니다.

말이 그렇지, 자기 조상의 과오를 선선히 인정한다는 건 결코 쉽지 않다. 후손들은 대개 선조가 친일파란 사실 자체를 필사적으로 부인한다. 그게 여의치 않으면 정당화 하고 미화한다. 과거사에 대한 일본의 태도와 흡사하다. (중략) 이인호 아산정책연구원 이사장이 친일청산문제에 부정적인 것은 그 심리의 나변에 선조의 기억이 깔려 있기 때문이다. 그의 친할아버지는 친일반민족행위자 명단에 포함돼 있다. 김무성 새누리당 의원은 아버지가 경북도회 의원, 조선임전보국단 간부를 지낸 친일파란 세간의 주장을 전면 부정하며, 부친은 일본 헌병대의 '제거대상' 이었다는 등 근거를 대고 있다.

이항봉 선교사님, 친일파의 자식이었기에 호의호식(好衣好食) 영화(榮華)를 누렸을 그들이 부끄러워하기는 커녕 뻔뻔스럽게도 떵떵 거리는 자리에 앉아서 역사를 왜곡하고 치욕스러운 친일행적(親日行績)을 합리화 내지 미화시키고 있는 현실 앞에 우리는 통곡을 금할 수 없게 됩니다. 그러나 우리는 믿습니다.

　　반드시,
　　진리는 따르는 자가 있고,
　　정의는 기필코 최후에 승리한다.

이항봉 선교사님, 그리고 사모님과 세 아드님,
보내주신 선교편지 마지막의 그 말씀이, 그곳이나 이곳의 정황을 정확하게 진단하고 있는 것 같아, 하나님께서는 이선교사님 가족을 적지(敵地)가 아닌 적지(適地)에 정확하게 파송해 놓으신 것은 아니겠는가? 여호와닛시, 하나님의 용병술(用兵術)에 감탄을 금할 길이 없습니다 그려!

옛말 중 후안무치(厚顔無恥)라는 말이 생각납니다. 낯 가죽이 두꺼워 부끄러움을 모른다고 했는데, 국내외적으로 작정을 하고 이미지 작업을 하고 있는 그들의 얼굴이 더 두꺼워질 것은 불 보듯 뻔하군요. 추분(秋分)으로 밤이 깊어지기 시작한 요즘, 일본의 밤은 얼마나 더 길고 깊어질지 현재로선 앞이 보이질 않습니다.

어디 일본뿐이겠습니까, 한반도의 밤도 깊어지고 있습니다. 그러나 우리는 낙심하지 않습니다. 삼가 위로의 말씀을 전해 드립니다.

우리가 알거니와 하나님을 사랑하는 자 곧 그의 뜻대로 부르심을 입은 자들에게는 모든 것이 합력하여 선을 이루느니라 (롬8:28)

소중한 이선교사님의 가정 위에 주님의 평강이 충만하시기를 간절히 기도 드립니다.
샬롬!
2013년10월1일 밤 일산 고무송 드림

이항봉 선교사님이 즉각 답신해 주신 선교편지를 개봉합니다.

고무송 목사님께

선교지의 상황을 잘 아시고 격려와 위로의 말씀을 보내주시니 감사할 따름입니다.

또 역사학자이신 목사님께서 졸필의 리포트를 평가해 주시고 기쁘게 읽어주시니 몸 둘 바를 모르겠습니다. 목사님 말씀대로 '언제가 kairos 구원의 때인가?' 항상 저희 기도의 제목이 되고 있습니다. 인간의 힘으로도, 지혜로도, 부술 수 없는 강력한 사단의 진을 하나님께서 언제쯤 부수어 주실지? 낙숫물이 바위를 뚫는 마음으로 인내의 덕을 쌓으려고 합니다.

고목사님 말씀대로 진리를 따르는 자는 반드시 승리할 것을 믿습니다. 우리 하나님께서 지금도 살아 역사하고 계시니까요. 목사님께서 보내주신 '위로'(慰勞)라는 말은 선교지에 온 이후 처음 듣는 표현 같습니다. 선뜻 내가 위로 받을 위치에 있는가 하면서도, 선교지를 잘 아시는 고목사님이시기에 그런 키워드가 목사님을 통해 저에게 전해지지 않았나 합니다. 주님께, 또 고목사님께, 다시 한번 깊은 감사의 말씀을 드립니다. 해드리는 것은 없이 늘 받기만 하는 부족한 자이지만, 사랑은 위에서 아래로 흐른다는 옛말에 위안을 삼습니다.

아, 이 무슨 얼토당토 않은 말씀인가? 제가 어찌 '선교지의 상황을 잘 아시고' '선교지를 잘 아시는 고목사님'이기에 위로의 말씀을 드렸다 하십니까? 부끄럽습니다. 저는 '잘 알지도 못하면서' 이토록 분에 넘치는 호사(豪奢)를 누리게도 되네요.

고목사님, 전화로 잠시 말씀 드린대로, 이번에 부족한 제가 주의 인도하심으로 책을 하나 썼습니다. 지난 10여년간의 선교 사역을 돌아보며 쓴 간증집입니다. 가제는 '남호네 일본선교 이야기, 그 10년의 여정, 오직 믿음으로'입니다. 특별히 내놓을 얘기는 없습니다만, 주께서 저희를 통해 일하신 것들을 성령의 감동을 따라 써봤습니다. 지금으로선 12월초쯤 책을 출판하고, 중순쯤 서울에 나가 여러분들께 감사의 인사를 드리도록 하겠습니다. 연말이라 바쁘신 줄 알지만, 그때 가서 소망 형제 자매들과 함께 뵙고 싶습니다. 자세한 일정은 추후에 다시 연락 드리도록 하겠습니다.

환절기에 건강 조심하시고요, 사모님께도 안부 전해주십시요.

쌀쌀해진 도쿄에서

2013년10월1일 항봉 올림

필자가 보낸 이메일을 받자마자 이항봉선교사가 보내온 답신. 가히 전광석화(電光石火) 같은 민첩함이 번뜩이며, 그

동안 써서 모아놓았던 원고를 메일로 보내왔네요. 260여 페이지에 이르는 방대한 분량, 역시 번갯불에 콩 구워먹는 격이 아닐 수 없습니다.

제1장 일본선교??
    (2001년1월-2004년4월)
제2장 갈 바를 알지 못하고
    (2004년4월-2006년11월)
제3장 일본의 중앙에서
    (2007년1월-2009년9월)
제4장 하나님의 선교
    (2010년3월-2012년7월)

12년 7개월에 이르는 일본선교 기간을 연도별로 일목요연하게 정리해 놓고 있으며, 각 장 마다 주요사진을 게재하고 있는 것 아닌가. 이항봉선교사는 이 책을 쓰게 된 동기를 이렇게 밝혀주고 있습니다.

큰 아이 남호가 대학 기숙사로 들어가면서 남호가 쓰던 방으로 둘째 남혁이가 옮겨가고, 남혁이와 함께 방을 쓰던 막내 남일이가 혼자서 제 방을 쓰게 되었다. 남혁이는 형이 쓰던 책상을 쓰면 되는데, 남일이가 쓰던 책상이 너무 작아 새 책상을 사 주기로 했다. 나는 아내와 막내를 데리고 집에서 그리 멀지 않은 이케아(IKEA)라는 가구 전문점을 찾았다. 매장 안을 돌아다니며 필요한 물건들을 보고 있는데, 갑자기 주의 음성이 들려왔다.

"책을 써라!"

첫사랑, 소망교회 젊은이들

이항봉 선교사의 이메일 속에 언급되고 있는 '소망 형제 자매'는 누구인가? 그것은 서울 압구정 소재 '소망교회 대학부 형제 자매'를 가리킵니다. 부연설명(敷衍說明)이 필요할 것 같습니다. 필자가 이항봉을 만난 것은 1981년 바로 그 소망교회 대학부에서 였습니다. 그때 필자는 늦게 신학교에 들어가 목회수업을 받고 있는 가운데, 소망교회(당시 곽선희목사 시무) 대학부 전도사로 사역을 하게 됐습니다. 막막했습니다. '잘 알지도 못하면서' 어떻게 젊은이들을 지도할 수 있겠는가? 4대째 예수 믿는 집안에 태어나 교회 속에서 자라나 서리집사, 안수집사, 시무장로로 교회를 섬겨왔지만, 전도사로서 일해 본 적은 없었으니까요. 한동안 청년부 부장으로서 담당 전도사의 사역을 도운 적은 있었지만 말입니다. 막상 전도사로 부임했는데, 무얼, 어디서부터, 어떻게 해야 하는 것인지, 아득했습니다. 그때 천사처럼 나타난 두 젊은이, 천병석과 이항봉이었습니다.

> 또 네가 많은 증인 앞에서 내게 들은 바를
> 충성된 사람들에게 부탁하라. 그들이 또 다른
> 사람들을 가르칠 수 있으리라 (디모데후서2장2절)

성경의 원리를 좇아 10여명 리더를 세워 그룹 바이블 스터디(GBS: Group Bible Study)로 젊은이들에게 성경을 가르치기로 했습니다. 천병석, 이항봉을 비롯 박영실, 박경미, 박윤미, 김 신, 마선영, 안승록, 유연미, 박인호, 유광준, 강지수, 박준범 등등. 그밖에도 여러 사람들이 있었습니다만, 기라성(綺羅星) 같은 이 젊은이들을 감히 '첫사랑'이라 부릅니다. 저는 40대요, 그들은 갓 20대, 세대차가 엄청 컸습니다. 그래서 그랬을까요? 젊은이들이 고민거리를 스스럼없이 털어놓는 것 아닌가? 그들 가운데엔 말씀이 그리워 찾아온 젊은이들도 있었지만, 더러는 짝을 찾아온 나비들도 없지 않아 있었던 것 같습니다. 교회 안에서 짝을 찾을 수만 있다면 얼마나 좋은 일이랴. 그러나 그게 그렇게 쉽게 이뤄지는 일은 아닌 것 같습니다. 더러는 삼각, 사각, 오각…. 얽혀버리면 복잡해지기 마련이고, 전도사는 거중조정(居中調停) 역할을 감당할 수 밖에요. 청춘상담(靑春相談), 그것이 전도사의 주업무 같이 돼 버리는 현실임에라. 내담자(來談

者)들은 눈물을 쏟아냅니다. 그 눈물에는 세트로 출현하는 것이 있기 마련, 콧물입니다. 그 이후 지금도 필자는 두 개의 손수건 갖고 다니는 게 버릇이 됐답니다. 한 개는 눈물, 다른 한 개는 콧물용. 아무튼 그렇게 저렇게 추억이 많았던 소망교회 대학부 2년 봉사였고, 이어 청년부 1년, 도합3년 봉사했는데, 놀라울 손, 그 가운데 30여명 사역자가 배출될 줄이야. 서울 예능교회 조건회목사 부부, 미국거주 차기훈 성악가 부부, 온누리교회 피현희목사, 카나다거주 수필가 김복수권사, 부산장신대 조직신학 교수 천병석목사, 일본선교사 이항봉목사, 명성교회 부목사 김 신, 뉴욕에서 목회하는 박영실사모, 정은숙목사 등등 자랑스러운 면면(面面)이 그 증인들이랍니다.

장군의 아들

이항봉은 장군의 아들이라 했습니다. 퇴역한 예비역 장성을 아버지로 둔 장남이었습니다. 그냥 그렇게 살면 평안하고도 유복하게 살 수 있는 젊은이언만, 어쩌자고 그토록 죽자 살자 주님을 따르겠다는 것인지. 그는 장군의 아들답게시리 충성심(忠誠心)이 강했고, 헌신도(獻身度)가 높았습니다. 영어를 전공했고, 아주 잘 했습니다. 그때 대학부 성경공부 교재로, 두란노에서 보유하고 있던 미국에서 발간된 영어원문 교재를 채택했는데, 이항봉 번역팀이 깔끔하게 번역해냄으로써 대학부 교재로 사용하기도 했습니다. 하용조 목사님이 이항봉의 실력을 높이 평가, 졸업후 한동안 두란노에서 스탭으로 일하기도 했습니다. 유광준도 그랬고, 피현희는 아예 두란노 빛과소금 기자로 사역하다가 신학을 공부, 지금까지 온누리교회 부목사로 사역하고 있는 형편이랍니다.

이항봉(李恒鳳), 그 이름 그대로, 그는 언제나 봉황새 처럼 고고(孤高)했고, 그는 언제나 스마일이었습니다. 결코 크지 않은 눈이 초생달처럼 늘 미소 짓는 모습이었습니다. 온유하고 겸손했습니다. 동료들과 화목했고, 후배들을 잘 거뒀습니다. 그러나 원리원칙주의자였고, 불의에 단호했습니다. 그래서였을까요? 그는 언제나 혼자서 고독을 즐기는 편이었고, 봉황처럼 홀로 외로운 모습이기도 했습니다. 그렇지만, 그의 곁에는 늘 그림자처럼 붙어있는 친구가 있었습니다. 연세대 신학대학원에서 공부하고 있던 천병석입니다. 그와는 호형호제(呼兄呼弟) 친형제처럼 지냈습니다. 제가 뒤늦게 신학을 공부, 때마침 하용조목사님을 도와 온누리교회 개척과 두란노서원 사역에 참여, 신앙월간지 '빛과소금' 초대 편집장으로 일할 때, 두란노가 신촌에 있어, 연세대 이화대 서강대와 가까운 거리여서 그 젊은이들이 사랑방처럼 드나들었습니다. 난로에 고구마도 구워 먹었고, 떡볶이도 사다 먹고, 라면도 심심찮게 끓여먹었습니다. 한솥밥을 먹는 식구들이 됐습니다. 유무상통(有無相通) 했던 초대교회 믿음의 공동체 같은, 그런 모습이었습니다. 진정 첫사랑처럼 꿈같은 세월이었습니다. MBC로부터 강제해직을 당했던 아픈 마음과 상처가 이들 젊은이들 속에서 치유되는 시간들이었습니다. 진정, 사도 바울에게 허락해 주셨던 믿음의 아들 디모데와 같이 소중한 사람들이었습니다. 참으로, 하나님께서 붙여주신 첫사랑이요, 예쁜 천사들이 아닐 수 없는 것이었습니다.

천사 같은 젊은이들

필자는 나이에 걸맞지 않게시리 유학을 꿈꾸면서 영어를 공부했습니다. 어쩔 수 없이 영어를 잘하는 이항봉에게 떼를 써서 함께 연세어학당을 다니기도 했고, 물론 함께 토플 시험도 치러 다녔습니다. 이제 와 생각해 보면, 부끄럽기도 하고 우스꽝스런 일이 아닐 수 없습니다. 그렇지만, 그 당시 연세대 교정을 지날 때마다, 거기 서 있는 시인 윤동주(1917-1945)의 시비(詩碑)에 음각으로 새겨져 있는 그의 서시에 위로와 용기를 얻곤 했습니다.

서시(序詩)

죽는 날까지 하늘을 우러러
한 점 부끄럼 없기를
잎새에 이는 바람에도
나는 괴로워했다

별을 노래하는 마음으로
모든 죽어가는 것들을 사랑해야지
그리고 나에게 주어진 길을 걸어가야겠다

오늘 밤에도 별이 바람에 스치운다

지금도 가끔 윤동주의 시비 앞을 스칠 때면 그때 나의 모습을 새롭게 되돌아보게 됩니다. 하늘과 별과 바람을 노래했던 젊은 시인. 그는 일제의 억압 속에서 한 점 부끄러움 없기를 소원했던 이땅의 젊은이였습니다. 해방된 조국을 보지 못한 채, 꼭 6개월전 일본땅 차가운 감옥에서 죽어야 했던 애국시인. 그를 닮고자 했던 그때 그 시절 나의 모습. 비록 초라했지만 순수할 수 있었던 그때 그 시절 나의 모습을 반추(反芻)하게 됩니다. 그 처음사랑을 망각(忘却)하고 있는 것은 아닌지? 스스로 옷깃을 여미게 되는 고래희(古來稀)

연치(年齒)를 넘어서고 있습니다. 그럼에도 불구하고 처음 사랑은 부끄러움으로 기억됩니다.

   모든 죽어가는 것들을 사랑해야지
   그리고 나에게 주어진 길을 걸어가야겠다

  사랑하는 애독자 여러분,
  이항봉 선교사와 그의 가족들이 10여년동안 걸어왔던 일본선교의 발자취, 그것은 진정 형극(荊棘)의 길이 아닐 수 없음을, 그의 간증집에 나타나 있는 글을 통해 가슴 깊이 느끼게 될 것입니다. 그것은 니느웨 성에서 외쳐야 했던 요나의 모습이 아닐 수 없습니다. 그것은 참으로 사도 바울이 미완성교향곡(未完成交響曲)으로 남겨놓은 사도행전 제29장을 이어서 쓰고 있는 속(續) 사도행전(使徒行傳)이 아닐 수 없는 것입니다. 이 책을 읽는 모든이들에게 주님의 은총이 충만하시기를 간절히 기도 드립니다.

  소망교회 첫사랑 젊은이들의 초청을 손꼽아 기다립니다.
  아아, 아직도, 그때 그 시절 설레이는 이 마음은, 어쩌란 말인가.

  수신: 강제훈 강지수 김 신 김주연 박승원 박윤미 박인호 유광

준 유재성 이장우 이항봉 최영진 하재수(가나다순 호칭 생략)
참조: 고무송목사님 천병석목사님

소망대학부 형제 자매님

날씨가 많이 추워졌습니다. 감기 조심하시구요.
소망대학부 모임을 같은날 점심에서 저녁 오후5시로 변경코
자 합니다.
점심때에는, 고목사님이 다른 곳에서 결혼식 주례를 하셔야
한다고 합니다.
그리고 그날, 이항봉선교사님 뿐만 아니라, 고무송목사님 출
판기념회도 겸하게 됩니다요. 여러모로 번거롭게 해 드려서
죄송합니다.
요약하면,
1) 2013년12월14일(토) 오후5시, 소망교회 근처 중국식당 이
화원
2) 고무송목사님 이항봉선교사님 출판기념회. 그리고 2013년
송년모임

시월의 마지막 전날밤
첫사랑 소집책 박준범

글을 시작하며

4월초 큰아이 남호가 대학 기숙사로 들어가면서 남호가 쓰던 방으로 둘째 남혁이가 옮겨가고, 남혁이와 함께 방을 쓰던 막내 남일이가 혼자서 제 방을 쓰게 되었다. 남혁이는 형이 쓰던 책상을 쓰면 되는데, 남일이가 쓰던 책상은 너무 작아 새 책상을 사주기로 했다. 나는 아내와 막내를 데리고 집에서 그리 멀지 않은 '이케아'(IKEA)라는 가구전문점을 찾았다. 이곳은 제품을 부품상태로 팔아 직접 조립하는 재미도 있고 가격도 비교적 싼 이점(利點)이 있었다.

매장 안을 돌아다니며 필요한 물건들을 보고 있는데, 갑자기 주의 음성이 들려왔다.

"책을 써라."

그간 주위 사람들로부터 책을 써보라는 말을 몇 번 듣기는 했지만, 내 자신은 책을 쓸 마음이 전혀 없었다. 요즘 시대는 책의 홍수라고 해도 과언이 아닐 정도로 하루에도 수많은 책들이 쏟아져 나오고 있고, 또 사람들 앞에 특히 드러내놓고 할 얘기도 없다는 생각이었다. 다만 전에 기도하면서 주께서 "앞으로 네가 책을 쓰게 되리라"는 말씀을 하신 것이 기억났다. 이제 그때가 된 것인가 하는 생각으로 마음을 정리해보았다.

이케아에서 쇼핑을 마치고 점심을 먹고 있는데, 갑자기 책에 대한 생각이 샘솟듯이 올라오기 시작했다. 성령께서 이런저런 감동을 주기 시작하셨다. 마치 멈춰있던 엔진이 발동이 걸려 소리를 내며 돌아가기 시작한 것처럼 말이다. 주께서는 내게 주가 나를 통해 하신 일에 대해서만 쓰라고 하셨다.

주의 명령을 받은 지 삼 개월, 이제 책의 원고가 거의 완성되어 가고 있다. 지난 일본선교지에서의 10년간 주께서 나를 통해 하신 일을 기억해가며 기록하는 것은 참으로 뜻 깊고 유익한 일이었다. 교회나 성도들 앞에서 설교나 간증을 통해 하나님의 하신 일을 전하는 것도 감동이 있지만, 구체적인 글자 하나 하나를 통해 주의 역사를 기록하고 전하는 것 또한 또 다른 감동과 기쁨이 있었다. 이 글을 읽는 모든 분들께 같은 감동과 기쁨이 전해지길 바라며, 주께서 이 작은 책을 통해 크신 영광 받으시길 바랄 뿐이다.

2013년 6월 30일
사명지 일본에서
이항봉

차 례

1장 일본선교??

2장 갈 바를 모르고

4장 하나님의 선교

일본선교??

바울이 그 환상을 보았을 때
우리가 곧 마게도냐로 떠나기를 힘쓰니
이는 하나님이
저 사람들에게 복음을 전하라고
우리를 부르신 줄로 인정함이러라
사도행전 16:10

2001년 1월
하나님의 계획 I

"네가 나를 사랑하느냐?"

1988년 미국 유학 당시 일리노이(Illinois)대학교 캠퍼스에서

2001년 1월 서울 송파구에서 목회를 하고 있던 나는 그날
도 새벽예배 설교를 마치고 강단에서 개인기도에 들어갔다.
그날은 평소와 달리 내 입에서 다른 기도가 터져 나왔다.
"주께서 제게 새로운 훈련을 받을 수 있는 기회를 주시면 주
께서 어디로 가라고 하시든 그대로 순종하겠습니다." 지금
생각해도 당시 어떻게 그런 용감한(?) 기도를 할 수 있었을

까... 라는 생각이 든다. 그러나 그때는 그냥 그 기도만 나왔다. 구체적으로 어딜 가고 싶다거나, 무엇을 하고 싶은 것이 있는 것도 아니었다.

기도하면서 주께서 주신 소원은 2년 전, 가보았던 캐나다 밴쿠버(Vancouver)에서 공부를 하는 것이었다. 벌써 20년이 되었다. 1993년 부모님과 두 동생이 캐나다로 이민을 간 것이다. 나는 신학대학원 3학년이었던, 1992년 3월 결혼하여 부모님과 함께 신혼생활 중이었다. 아버지께서 함께 캐나다에 가지 않겠냐고 물으셨으나, 나는 신학을 공부하고 목회를 해야 하니 가지 않겠노라고 했다. 결혼도 했으니 이제부턴 독립적인 생활을 해야겠다는 생각도 있었다.

가족 모두가 캐나다로 이민간 이후, 놀러 갈 틈도 없이 5년이란 시간이 흘러갔다. 교회 부교역자로 정신 없이 사역하다, 1998년 12월 목사 안수를 받았다. 1993년 2월에 신대원을 졸업했으니, 조금 늦게 목사 안수를 받은 것이다. 여러 가지 사정들이 있었으나, 무엇보다 교회와 교단을 보며 많이 실망하게 되었다. 흔히들 뜨거운 사명감을 가지고 신학교에 들어갔다가 졸업할 때는 냉랭해져서 나온다는 얘기들을 하곤 하는데, 교단이나 교회의 형편은 그런 우스개 소리보다 훨씬 더 심각했다.

고등학교를 졸업할 때까지는 어머니를 따라 감리교회를 다녔다. 그냥 친구들이 좋아 다닌 놀이터와 같은 교회였다.

대학 입학과 더불어 이사를 하는 바람에 이번에는 동네 장로교회를 다니게 되었다. 고등학교 때까지만 해도 설교 시간에 졸기 일수였던 내가 설교 말씀이 너무 재미있고 달았다. 한마디로 은혜를 받기 시작한 것이다.

그런데 대학 3학년 때 다시 이사를 하며 어머니의 강권으로 강남의 큰 장로교회로 옮기게 되었다. 그간 교회가 별로셨던 아버지도 맘에 들어 하시고 교회 수준도 있다며 부모님은 좋아하셨다. 나는 썩 맘에 들지는 않았지만 기왕 갈 거면 열심히 하자는 생각에 대학부며, 주일학교며, 성가대며 열심히 신앙생활을 했다. 그렇게 한 3년이 지나 군대를 다녀오게 되었고, 군복무 후에는 평소 생각해왔던 대로 대학원에 진학하여 특수교육학을 공부하기로 했다. 대학 입학 이후 신앙과 더불어 진로에 대해 많이 생각하게 되었다. 처음에는 좋아하는 영문학을 전공하여 대학교수가 되는 것이 꿈이었다.

그러나 신앙이 자랄수록 그 꿈은 점점 약하고 소외된 자들로 향하게 되었다. 교회 봉사를 하면서도 정신지체아들을 위한 부서 봉사를 하게 되었다. 사실 3살 밑의 남동생이 정신지체의 장애가 있었다. 지금도 어릴 때 제대로 따라 하지 못하는 동생을 구박하던 때가 기억난다. 대학 때 주님으로부터 첫 은혜를 받고, 그 일이 가장 마음에 아파서 몇 시간이고 회개하며 눈물만 흘렸던 기억이 지금도 생생하다.

1988년 서울 올림픽이 끝나고 나는 미국 일리노이(Illinois) 주로 유학 행 비행기를 탔다. 신학은 주님이 부르셔야 하는 것이니, 그 다음으로 내가 할 수 있는 것은 약한 자를 위해 일하는 것이라고 믿었다. 특수교육학 쪽에서 괜찮다는 학교를 찾아 간 곳이 일리노이대학교 교육대학원이었다. 난생처음 이역만리(異域萬里) 미국이라는 곳에서 그간 배워온 영어로 학문과 씨름하며 한 학기를 보냈다. 말 그대로 청운(靑雲)의 꿈을 품고 떠난 유학 길이었는데, 막상 도착하여 눈 앞에 펼쳐지는 유학의 생활은 실망의 연속이었다.

단순히 공부만의 문제가 아니었다. 언어와 문화를 넘어 마음이 통하질 않았고, 열정은 점점 식어갔다. 부모님의 비싼 돈으로 유학 와 있던 내 마음은 편치 않았다. 여름방학이 되자 일단 한국 집으로 돌아왔다. 다들 방학 동안 다니러 온 줄로 생각했다. 나는 답답한 마음을 안고 오산리 금식기도원으로 갔다. 금식하며 무엇이 잘못되었는가를 점검하기 시작했다. 이틀 정도가 지났나... 주께서 이런 깨달음을 주셨다. "내가 이미 너를 불렀는데..."라는 말씀이었다. 나는 놀라 지나간 시간을 뒤돌아 보았다. 그러고 보니, 대학 2학년 때 이런 일이 있었다.

친구 교회 청년부에서 찬양콘서트를 한다고 초대되어 갔었다. 찬양콘서트는 중창단의 백 코러스(back chorus)와 더불어 한 사람의 독백으로 이어진 모노드라마(monodrama)였다.

그때 주제곡으로 흘러나온 것이 '녹슨 세 개의 못'이라는 찬양이었다. 어느 대장장이가 판 녹슨 세 개의 못이 결국 예수님을 십자가에 못박는데 쓰였고, 그 사실을 뒤늦게 안 대장장이가 자신의 죄를 깨닫고 회개한다는 내용의 찬양이었다. 처음 그 찬양 들으며 나도 대장장이처럼 회개의 눈물이 그치질 않았다. 그때 내 귀에 처음으로 들려온 음성이 "네가 나를 사랑하느냐?"라는 말씀이었다. 예수께서 부활 후 제자 베드로에게 하신 유명한 말씀이었다. 나는 그 음성을 들으며, 그저 "네~ 주님~"이라고 밖에 말할 수 없었다. 그렇게 두 번 주님은 나에게 물으셨다.

바로 이때의 기억이 되살아나며 나는 뒤통수를 얻어 맞은 기분이었다. "아~ 그랬었구나~" 벌써 주님은 나를 부르셨었구나... 아마 그때 깨달았었다면, 이렇게 먼 길을 돌아오지는 않았을 텐데 하며, 마음의 확신을 갖은 나는 집으로 돌아와 유학을 접고, 신학교에 가겠다고 말씀 드렸다. 부모님은 놀라 하시면서도 올 것이 왔다(?)는 듯한 분위기였다.

그런데 신학교를 앞에 두고 고민이 생겼다. 주의 부르심을 따라 신학교를 가면 다라고 생각했는데, 어느 신학교를 가야 할 지를 몰랐던 것이다. 사실 그간 교회를 다니면서도 교단이 무엇인지 잘 몰랐고, 들어도 그게 통합인지 합동인지, 그게 그거 같아서 한 귀로 흘려버렸다. 그런데 신학교를 가려고 하니 그 '통합'인지 '합동'인지가 굉장히 중요한 것이 되어버렸다. 교단에 따라 신학교를 선택해야 했으니 말이다.

그간 내가 다녔던 교회는 장로교 통합 측으로, 당시 내가 살던 강남에서만이 아니라, 한국에서도 유명한 교회요, 1980년대 한국 대형교회를 선도해 나가는 자리에 있었다. 그렇다면 나는 당연히 통합 측 신학교로 진학하면 되는 것인데, 마음이 그렇게 움직여지질 않았다. 왠지 자꾸 대학 초에 다녔던 그 장로교회가 생각났다. 같은 장로교였지만 합동 측으로 교회 규모도 비교할 수 없을 만큼 작았다. 담임목사님은 더더욱 비교할 수 없을 정도로 차이가 났다. 신학교를 겨우 나온 분으로 학문적, 지식적으로는 하늘과 땅 차이였다. 그런데도 그때 그 목사님의 말씀이 생각났다. 촌스러우면서도 쉿소리 나는 거칠은 음성이었는데도 말이다... 아마도 첫 은혜, 첫사랑을 받은 교회라 그런 것 같았다. 다만, 당시 대학부 담당 전도사이셨던 은사(恩師) 목사님께 말씀도 드리지 못하고 떠나야 했던 것이 지금도 마음에 남는다.

> 우리가 알거니와 하나님을 사랑하는 자 곧 그의 뜻대로 부르심을 입은 자들에게는 모든 것이 합력하여 선을 이루느니라. (로마서 8:28)

선교 훈련지 밴쿠버

밴쿠버 스탠리 파크(Stanley Park)에서 바라본 밴쿠버 시내 전경

　나는 그렇게 오직 첫사랑에 이끌려 신학교에 들어갔다. 애초부터 큰 기대는 하지 않았지만, 신학교며, 교단이며, 또 교회며 가면 갈수록 인간적인 실망만 더 쌓여갔다. 무조건 조직 자체를 부인하는 것은 아니지만, 내가 걸어온 길은 더 이상 그 곳에 몸을 담고 있을 수가 없었다. 그러던 중 1997년 한국독립교회 선교단체연합회(KAICAM, Korean Association of Independent Churches and Missions)가 발족되었다. 신문에서

그 광고를 보며 주께서 주신 기회라고 생각했다. 목사고시와 면접시험을 거쳐 98년 12월 제1회로 목사안수를 받을 수 있었다. 이때 벌써, 나는 꿈에도 생각지 못했던 선교의 여정을 주님은 이미 준비하고 계셨던 것이다.

그 다음해인 1999년 여름, 6년 만에 처음으로 부모님이 이민가계신 밴쿠버를 방문할 수 있었다. 당시 첫째 남호가 만6살, 둘째 남혁이가 3살이었다. 그리고 뱃속에 막내 남일이가 들어 있었다. 당시 아내가 몸이 무거웠지만 상태가 양호해서 먼 여정을 나설 수 있었다.

처음가본 캐나다는 깨끗하고 무엇보다 자연이 좋았다. 전에 가보았던 미국과는 다른 분위기였다. 마치 조용한 시골 같다고나 할까. 부모님 댁에서 한 달을 보내며 쉼을 가졌다. 그때 밴쿠버에 있는 신학교도 두 군데를 가보았다. 당시에는 무슨 유학을 생각하고 가본 것은 아니었다. 그냥 목사로써 당연히 신학교에 관심이 있었을 뿐이었다. 하나는 밴쿠버 시내에 있었던 리젠트 칼리지(Regent College, 1968년 북미 최초로 평신도교육을 위해 설립된 정통주의 신학교)라는 곳이었고, 또 다른 곳은 나중에 유학을 가게 된 ACTS(Associates of Canadian Theological Seminaries, 1985년 캐나다 5개 교단이 합처 만든 복음주의 신학교)라는 신학교였다. 시골 숲 속에 들어있는 작은 신학교였지만, 복음적이고 건전한 신학교였다.

한달 만에 한국으로 돌아오는 길은 쉽지 않았다. 싼 비행기 표를 사는 바람에 오고 갈 때, 일본 나리타(成田)공항에서 비행기를 한번 갈아타야만 했다. 처음에는 뭐 큰일일까 했는데 도쿄에서 기다리는 시간이 더 많았다. 아내는 몸이 무겁고 아이들은 어려 이래저래 쉽지 않았다. 갈 때는 그나마 기대 반으로 갈 수 있었는데, 올 때는 완전히 파김치가 되어버렸다. 마침 시간도 늦은 밤이어서 우린 비행기에서 골아떨어진 채로 한국에 도착했다. 밤늦은 시간이었음에도 교인들이 공항으로 마중을 나와주었다. 거의 자정이 다 되어서 교회에 도착하니, 불이 훤히 켜져 있고 많은 교인들이 교회에 모여있는 것이 아닌가! 들어가보니, 권사님들, 집사님들이 파티를 준비하고 기다리고 있었다. 케이크에 불을 붙이고 녹초가 되어 돌아온 우리들을 환영해주었다. 참으로 고마운 일이 아닐 수 없었다.

시간이 흘러 2001년 1월 하나님께 새로운 길을 열어달라고 기도했을 때, 하나님께서는 밴쿠버에서 가보았던 신학교를 생각나게 하셨다. 얼른 신학교 홈페이지를 찾아 알아보기 시작했다. 한 곳은 이미 신학대학원을 나온 나에게 맞는 과정이 없었다. 보통 한국에서 대학(B.A.)을 나오고, 신학대학원을 가면 목회학 석사(Master of Divinity)의 학위를 받게 된다. 이런 기본 목회학 과정을 제외하면, 언어학이나 상담학 과정이 있었으나 내 관심 밖이었다. 남은 하나가 타문화 사역 과정(Master of Arts in Cross Cultural Ministry)이었는데, 이때만

해도 무슨 선교를 염두해두고 이 과정을 택한 것은 전혀 아니었다. 다만, 캐나다로 공부를 하러 간다는 그 자체만으로도 타문화를 공부할 가치가 있다고 생각됐다. 막연했지만, 캐나다나 미국에서 사역을 하게 된다면 더욱 유익하리라는 생각도 들었다. 지금 생각해보아도, 그때 그런 마음과 선택을 하게 하신 분은 오직 주님이라는 생각뿐이다.

그때가 대학을 졸업한지 20년, 신학교를 졸업한지 10년이 가까워오던 때였다. 이제 다시 공부한다는 것이 쉽지 않았는데, 새로운 목표가 생기니 새로운 힘이 나는 것 같았다. 10여년 전 미국 유학을 준비할 때처럼 열심히 준비했다. 캐나다는 미국처럼 학기가 9월 시작이라 시간이 많질 않았다. 그럼에도 불과 3개월만에 일사천리(一瀉千里)로 입학수속을 마칠 수 있었다. 주님의 은혜가 아닐 수 없었다.

나는 수속을 해나가면서 교회에 사임의 뜻을 전했다. 나 자신도 그랬지만 갑작스런 사임에 교회 성도들도 적잖게 놀랐다. 그러나 소원을 두고 행하시는 주께서 교인들의 마음도 어루만져 주셔서 큰 문제없이 넘어갈 수 있었다. 2001년 8월말 우리 다섯 식구는 다시 밴쿠버 행 비행기에 올랐다. 캐나다에 들어간 지 한 2주 정도가 지나 이삿짐이 도착하였다. 배를 타고 오니 한달 정도는 소요되는 것 같았다. 새로 얻어 들어간 타운 하우스(Townhouse, 단독 주택을 연립주택처럼 묶어놓은 주거형태)는 포트 무디(Port Moody)라는 곳에 있었는데, 1960년대에 지어진 것으로 겉에서 보면 마치 군대막사처럼 길게 늘어서 있었다. 그래도 숲에 둘려 쌓인 자연이며 신선한 공기는 최고의 환경을 제공했다. 때때로 집 근처에 코요테(Coyote, 북미지역에 사는 늑대)가 나타날 정도였다.

부모님 집에서 새로 얻은 집으로 들어간 지 채 한 달도 안 된 어느 날 아침 텔레비전에서 흘러나오는 뉴스가 마치 무슨 영화의 한 장면같이 보였다. 바로 2001년 9월 11일 뉴욕에서 일어났던 9.11테러 소식이었다. 진짜 영화의 한 장면으로 착각했었다. 뉴스 기자가 나와서 설명하는 것을 보고서야 이게 실제 상황이라는 것을 그제야 실감했다. 미국에 있지 않은 것 만으로도 감사해야 했다. 이렇게 캐나다에서의 선교훈련은 시작되었다.

> 너희 안에서 행하시는 이는 하나님이시니 자기의 기쁘신 뜻을 위하여 너희에게 소원을 두고행하게 하시나니...(빌립보서 2:13)

겨울연가와 월드컵

두 번째 이사하여 살던 써리(Surrey)의 아파트
가난한 이민자들이 많아 여러 나라의 아이들을 쉽게 볼 수 있었다.

  밴쿠버에 8월에 도착하여 적응할 새도 없이 9월에 공부를
시작했고, 정신 없이 그 해가 지나갔다. 밴쿠버는 태평양 난
류(暖流)의 영향으로 일년 내내 기온이 온화한 곳으로, 캐나
다에서는 유일하게 겨울에도 비가 오는 지역이다. 밴쿠버에
도착하여 제일 아쉬웠던 것이 바로 눈을 구경하기 힘들다는
것이었다. 캐나다 하면 눈의 나라로 연상할 수 있으나 밴쿠
버는 예외였다.

그런데 우리가 밴쿠버에 들어간 2001년 겨울에 엄청난 양의 눈이 내리기 시작했다. 5년 만에 1미터가 넘는 폭설이 쏟아진 것이다. 모든 교통이 마비될 정도였다. 정말 놀라운 일이 아닐 수 없었다. 그러나 우리 가정에게는 마치 하나님께서 외국생활에 고생하고 있는 우리를 위해 선물을 내려주신 듯 신이 났었다. 마침 그날이 주일이어서 차를 몰고 교회를 가는데, 차를 타고 가는 것이 아니라 썰매를 타고 가는 기분이었다. 아이들은 눈 길에 미끄러지는 차 속에서 신난다고 재미있어했다. 오랜만에 온 가족이 웃어보는 시간이었다.

그날 교회에 가보니, 몇몇 가정 외에는 아예 교인들이 나오질 않았다. 처음 밴쿠버에 가서 나는 공부하고 있던 타문화권 사역을 위해 가급적이면 여러 민족으로 구성된 교회를 찾아보고 있었다. 아버지 아는 분의 소개로, 살고 있던 써리(Surrey) 지역의 한 교회를 가보았다. 그 교회는 캐나다인이 세운 교회였는데, 영어예배 외에도 한국어예배, 중국어예배, 스페인어예배 등이 따로 있었다. 우리는 영어예배와 더불어 한국어예배에도 참석하고 있었다.

눈이 엄청 내린 그 주일, 교회에 나온 몇몇 가정들은 신기하게도 모두 한국인들이었다. 캐나다인들이나 중국인들은 아예 발걸음도 하지 않았다. 평소 눈이 잘 안 오는 지역이니 엄청난 양의 눈을 보고 아예 겁을 먹고 나올 엄두도 내지 못했던 것이다. 그러나 역시 우리 한국인들은 달랐다. 고난과 시련을 겪어온 민족이라 그런지, 이 정도는 아무 것도 아니라는 듯이 이겨내는 모습이 이역만리(異域萬里) 타국에서 한국 선교역사의 한 페이지를 공부하는 것 같은 기분이 들었다.

중국인들은 가는 곳마다 식당을 만들고, 한국인들은 가는 곳마다 교회를 만든다고 하지만 역시 한국의 먹거리도 빠질 수 없는 것 같다. 써리(Surrey)로 이사오기 전에 살던 포드 무디(Port Moody)에서 가까운 곳에 코퀴틀람(Coquitlam)이란 곳이 있었는데, 주로 한인들이 많이 사는 지역이었다. 대중교통도 편하고 큰 쇼핑몰이 있어 살기 편한 곳이었다. 그곳에 한국인 가게들도 꽤 많았고, 심지어 한국 드라마를 복사하여 대여하는 비디오 가게도 있었다.

하루는 어머니가 요즘 하는 재미있는 드라마라며 보라고 빌려주셨다. 뭔가 하고 몇 번 본적이 있는데, 바쁘기도 하고 적응하느라 제대로 다 보지는 못했다. 그런데 나중에 알고 보니 그 드라마가 일본에서 한류(韓流)의 열풍을 일으켰던 바로 '겨울연가' 라는 드라마였다. 당시 일본은커녕, 한국을 생각하기도 힘들고 바빴던 때였지만, 지금 생각해보면 하나님께서 일본선교의 예고편으로 보여주신 유일한 드라마가 아니었나 싶다.

해가 바뀌어 학교도 가깝고 집세도 싼 곳으로 이사하기로 했다. 아무래도 더 절약할 필요가 있었다. 학교로 가는 차 시간도 10분정도 줄어들어 시간과 기름값을 줄일 수 있었다. 살던 집도 조금 작아지긴 했으나 집세가 200불(당시 환율로 CAD $200≒170,000원)정도 싸져서 큰 도움이 되었다. 이사는 8톤 트럭을 빌려 직접 짐을 날랐다. 처음 운전해보는 큰 트럭이었지만, 캐나다가 큰 나라여서 그런지 그렇게 크게는 느껴지지 않았다. 가족들과 교인들이 도와주어서 그리 어렵지 않게 이사를 마칠 수 있었다. 이사하고 난 후, 한국에서는 역사적인 일이 벌어지고 있었다. 88서울 올림픽에 이어 세계적인 큰 행사로 2002월드컵이 열린 것이다. 그런데 한국 월드컵이 아니고 한일(韓日) 공동 월드컵이라고 했다.

지금 일본에서 그때를 생각해보면, 참으로 재미있고도 놀라운 역사적 사실이 아닐 수 없다. 2002월드컵이 열렸던 2002년 5월 31일부터 6월 30일까지 한달 간, 방문 비자가 면제되면서 한일간의 문화적 물꼬가 트이기 시작했고, 결국 한류의 열풍으로 이어지는 계기가 되었다는 것이다. 당시 나는 한일 공동으로 월드컵이 개최된 것을 조금 아쉬워하며 열심히 한국팀을 응원하고 있었다. 불과 5개월 후에 일본선교의 사명을 받으리라고는 꿈에도 생각지 못한 채...

> 이는 그가 모든 지혜와 총명을 우리에게 넘치게 하사 그 뜻의 비밀을 우리에게 알리신 것이요, 그의 기뻐하심을 따라 그리스도 안에서 때가 찬 경륜을 위하여 예정하신 것이니...(에베소서 1:8-9)

"아니 왜 '일본선교' 지?"

공부하던 ACTS신학교 앞에서
앞줄 오른쪽부터 첫째 남호, 둘째 남혁, 막내 남일

2001년 8월 밴쿠버에 도착할 때 만해도 2년이라는 공부시간이 정해져 있었기에 어느 정도 여유를 가질 수 있었다. 그러나 공부를 시작하고 보니 어느새 1년 반이 후딱 지나가 버렸다. 이제 한 학기를 남겨놓았다고 생각하니, 마음이 조금씩 조급해지기 시작했다. 한국을 떠날 때에만 해도 주께서 보내시는 곳 어디든지 가겠다고 했으나, 이제 막상 어디로 가야 하나? 는 생각이 들다 보니 막연해진 것이었다.

먼저 학교 담당 교수를 찾아갔다. 번 미들턴(Vern Middleton)
이라는 캐나다인이었는데, 12년간 인도 선교사로 다녀온 분
이었다. 아버지 같기도 한 푸근한 인상의 선생님이셨다. 이
제 졸업이 얼마 안 남았는데, 졸업 후에 무엇을 해야 할 지
모르겠다고... 조언을 부탁한다고 했다. 그러자 미들턴 교수
님은 자네는 캐나다에서 공부했으니 캐나다나 미국에서 일
할 수도 있고, 또 한국인이니 한국으로 돌아가 북한과 중국
을 비롯한 주변 나라의 선교를 위해 일할 수도 있을 것이라
는 일반적인 범위 내에서 조언을 해주셨다. 그리고는 마지
막에 일주일 간 각자 기도하고 다음주에 다시 만나 이야기
하자고 하셨다.

그래서 난 이야기를 마치고 집으로 돌아와 기도를 시작하
였다. 그때가 월요일이었다. 삼 일째 되는 수요일도 여느 때
와 같이 수업이 없는 날이라, 내방 컴퓨터 책상에 앉아서 공
부를 하고 있었다. 수시로 기도도 해가며 주어진 공부를 하
고 있었는데, 오후 1시쯤 됐던 것 같았다. 오후 햇살이 서쪽
으로 기울어지기 시작했던 것으로 기억나는데, 갑자기 마른
하늘에 날벼락이 치듯이 창문 쪽에서 내 머리 속으로 "일본
선교"라는 말이 내리 꽂혔다. 순간 어리둥절했다. 내가 지금
무슨 말을 들은 것인가?!? 하고... 그러나 이것은 비몽사몽
(非夢似夢) 속에 들은 말이 아닌 명확한 네 글자의 말이었다.

"일-본-선-교"

나는 너무 놀라 한동안 멍하니 앉아 있었다. 그러면서 가만히 생각해 보았다. 아니 왜 '일본선교'지? 도무지 이해가 되질 않았다. 일본과 나하고는 전혀 연관을 지을 수가 없었기 때문이었다. 그저 평범한 한국인으로 역사 속에 나오는 일본 정도는 알고 있었지만, 지금 캐나다에 있는 나와 일본과의 줄긋기는 너무 동떨어져도 멀리 떨어져있었기 때문이었다.

내가 일본 문화를 처음 접한 것은 일본어를 잘하셨던 큰 이모가 읽어주던 일본어 만화책이었다. 지금 기억으론 이모가 읽어주던 그 만화책이 재미있어서, 약국에서 약사 일을 보시던 바쁜 이모에게 만화책을 읽어달라고 졸랐던 기억이 지금도 생생하다. 그 외에도 큰 이모부가 보험회사에서 일하시면서 종종 일본 출장을 가셨는데, 조카에게 만화 캐릭터가 그려진 멋진 필통이며, 미키 마우스 시계며, 당시 한국에선 보기 힘들었던 로봇 장난감까지 사다 주셨다. 국민학생(필자가 다닐 당시)였던 내가 학교 교실에서 멋진 일제 필통을 꺼내는 기분이 처음 일본 문화의 풍요로움을 처음 맛보았던 때였던 것 같다.

그럼에도 내겐 일본이라는 나라가 그리 가깝게 다가오지 않았다. 중, 고등학교를 다니면서도 '벤또'(辨當, 도시락)같이 수상한 우리말은 가려서 일부러 쓰지 않으려고 했다. 그 이후로 '일본선교'의 사명을 받은 2002년 까지도 일본은 그저 가깝고도 먼 나라로만 내게 인식되어 있었다. 그런 나에게 '일본선교'라는 엉뚱한(?) 사명이 주어졌던 것이다.

평소에 나는 선교사는 목회자 중에서도 탁월한 사람이 뽑혀 가는 것이라는 생각이 있었다. 국내에서 목회하고 전도하는 것도 쉽지 않은 일인데, 어떻게 언어도 문화도 다른 나라에 가서 전도하고 목회를 한단 말인가? 선교는 나의 영역이 아니라고 생각해왔다. 어쩌면 마음 깊은 곳에서는 미지(未知)의 세계로 들어가기가 귀찮고 두려웠는지도 모르겠다.

이런 나에게 성령께서는 하나하나 깨우쳐 주셨다. 첫째는 그 힘든 선교의 전선(戰線)에 너를 뽑아 보내시겠다고 하시니 감사한 일이 아니냐는 것이었다. 선교사를 탁월한 사람이라고 인정한다면 나를 뽑아주신 하나님께 당연히 드려야할 감사였다. 둘째는 네가 원하는 대로 새로운 훈련의 기회를 주었으니, 약속한대로 가라는 곳으로 가라는 것이었다.

성령의 음성을 들으며, 이미 나에게는 의문이나 거부가 아니라 기쁨과 소망이 밀려오기 시작했다. 한번도 꿈꿔보지 못한 일본이라는 나라에 그것도 선교사라! 하나님께서 주신 꿈이 아니라면 감히 꾸어볼 수 없는 꿈임에 틀림없었다.

사울이 길을 가다가 다메섹에 가까이 이르더니, 홀연히 하늘로부터 빛이 그를 둘러 비추는지라. (사도행전 9:3)

아내의 부흥회

1월 20일 아내의 생일을 축하하며. 왼쪽부터 남혁(6), 아내, 남호(9), 남일(3)

하나님께로부터 일본선교의 사명을 받은 나는 눈에 보이지 않는 든든한 백(back)을 하나 얻은 기분이었다. 이제 새로 무언가를 해야 한다는 사기(士氣)가 올라오기 시작했다. 먼저 아내에게 하나님의 명령에 대해 이야기했다. 조금은 흥분된 어조로 이제 우리가 가야 할 곳과 할 일이 정해졌음을 힘주어 설명했다.

그런데 마치 어린아이처럼 열심히 설명하고 있는 나와는 달리 아내의 얼굴이 조금씩 어두워지기 시작했다. 아니 왜 일본이냐는 말부터 나왔다. 한국에서 이 먼 캐나다까지 왔는데, 다시 일본으로 돌아가느냐는 것이었다. 나와 비슷하게 일본에 대한 관심이나 애정이 없던 아내로서는 당연한 반응이었을지도 모른다. 캐나다에서 사역할 것이 아니면 차라리 한국으로 돌아가자고 했다.

캐나다에 온지 일년 반쯤 되자 어느 정도 생활도 적응되었고, 아이들은 영어에 날개를 단 듯 훨훨 날기 시작했다. 아내도 캐나다 생활이 맘에 들었는지 꽤나 즐기는 눈치였다. 그런데다 갑자기 일본이라는 말을 꺼냈으니, 조금은 충격이었나 보다. 그래도 차근차근 하나님의 인도하심에 대해 설명해 주었다. 우리가 캐나다에 오게 된 경위며, 선교사명을 받고 보니 밴쿠버에서 보낸 2년이 바로 선교훈련이었으며, 이제 주께서 새로운 사역지로 보내시는 것이니, 우리는 약속대로 가야 한다는 것을 일깨워주었다.

물론 이런 내용을 아내가 모르고 있었던 것은 아니나 갑작스런 '일본' 이란 말에 거부반응이 나타났던 것 같았다. 그런데 그 거부반응이 생각보다 크게 나타나기 시작했다. 며칠 후부터 아내가 구토를 시작하더니, 계속 정신을 못 차리는 것이 아닌가! 마치 임신한 여자가 헛구역질을 하듯이 화장실을 들락날락했다. 그래서 혹시 임신인가 했는데... 아내는 아이 셋을 낳으면서도 한번도 헛구역질 같은 것은 해보질 않았다.

아내는 아예 화장실 변기를 붙잡고 앉아버렸다. 하도 애쓰는 것 같아 가봐도 헛구역질만 하지 실제 토하는 것은 아무 것도 없었다. 그런데 계속 구토증세가 나니 방에 있을 수가 없었던 것이다. 결국 아내는 화장실을 차지하고 나는 주방을 차지하게 되었다. 식사며 빨래며 아이들 캐어(care)며 다 내가 할 수 밖에 없었다. 물론 아내는 식사도 할 수 없었다.

자고 나면 괜찮겠지 했지만, 상태는 여전했다. 할 수 없이 아는 사람의 소개로 한의사를 찾아가기로 했다. 중국인 한의사인데 사람을 잘 본다는 것이었다. 아내의 맥을 짚어보고 이리저리 살펴보더니, 집에 가서 허브 티(herb tea) 같은 것을 끓여먹으라는 것이었다. 아니 고작 허브 티! 우리는 싱거운 마음으로 집으로 돌아왔다. 내가 "그것 봐 아무 것도 아니잖아!" 하며 아내를 다독였다.

그러나 며칠이 지나도 아내의 상태는 호전되질 않았다. 할 수 없이 이번엔 괜찮다는 내과의원을 소개받아 찾아가 보았다. 인상이 좋은 캐나다인 의사였다. 아내를 이리저리 진찰해 보더니, 우리더러 큰 일 아니니 진저에일(ginger ale, 생강맛 청량음료)이나 사서 먹으라고 했다. 우리는 처음 '진저에일'이 무언가? 했다. 의사에게 다시 물어보니 밑에 드럭스토어(drugstore, 약과 생필품을 파는 가게)에 가면 판다고 했다. 우리는 병원을 나와 드럭스토어에 가서 '진저에일'을 찾아보았다. 찾아보니 그냥 청량음료(soft drink)가 아닌가! 캐나다에 가서도 음료를 잘 안 사먹었던 우리인지라, 그 흔한 진저에일도 몰랐던 것이었다. 나와 아내는 서로 웃으며 집으로 돌아왔다.

그런데 한 병 사온 진저에일도 아내의 병에는 도움이 되질 않았다. 계속 속이 미식거리고 현기증이 나며 정신이 맑질 못했다. 결국 기도하며 시간에 맡기는 수 밖에 없었다. 사실 나는 처음부터 아내의 병명을 알고 있었다. 그 병명은 '불순종'이었다. 하나님께서 분명히 말씀하셨는데도, 거기에 대해 순종하기는커녕, 인간적인 욕심으로 반응했으니 말이다. 사실 나는 하나님께로부터 직접 말씀을 받았으니 다르지만, 아내 만해도 나로부터 말을 전해 들었으니, 하나님 말씀보다는 그저 나의 생각으로 들렸는지도 모른다. 그래도 불순종은 불순종이었다.

나는 침대에 누워있던 아내에게 오며 가며 한마디씩 던졌다. "아무래도 회개해야 나을 것 같은데..." 아내는 조금 서운하다는 듯이 나를 쳐다보았다. 그러면 나는 그냥 눈웃음으로 지나쳤다. 마치 재미있다는 듯이...

병이 난지 한 3주정도가 지난 것 같았다. 아내의 방에서 찬양소리가 들리고 기도소리가 들리기 시작했다. 혼자서 부흥회를 하는 것 같았다. 그 부흥회가 끝나자 아내는 거짓말처럼 깨끗하게 나았다.

그러므로 어디서 떨어진 것을 생각하고 회개하여 처음 행
위를 가지라.(요한계시록 2:5)

일본을 가르쳐 준 일본인 장로

뉴 웨스트민스터 교회 일본인 성도들과 함께 앞줄 맨 가운데가 프리슨목사님
그 오른쪽에 서 있는 분이 준코사모님, 그 오른편이 아내

2002년 연말이 되자 새해는 본격적으로 일본선교를 위해 새 출발해야겠다는 생각이 들었다. 그래서 결정한 것이 일본어예배에 참석하는 것이었다. 다니던 교회 목사님께 사정을 말씀 드리고 교회를 옮기기로 했다. 일본어예배를 찾아 봤더니, 두세 군데가 있었는데, 다행히 집에서 그리 멀지 않은 곳에 한 곳이 있었다.

집에서 차로 약 20분정도 걸리는 곳에 뉴 웨스트민스터

복음자유교회(New Westminster Evangelical Free Church)라는 아담한 교회였다. 캐나다인 교회였는데, 담임목사이셨던 프리슨(Rev. Jacob Friesen)목사님은 청년 때 일본으로 건너가 35년간 선교사로 사역한 베테랑 선교사였다. 일본으로 건너간지 5년만에 현재 사모님인 쥰코(Junko)상을 만나 결혼해 지금까지 같이 사역하신다고 했다.

나는 전화로 일본어예배에 참석하고 싶다는 뜻을 전하고 주일 아침시간에 맞춰 교회로 갔다. 목사님이 기다렸다 우리부부를 맞이해 주셨다. 캐나다에 와서 영어 아닌 일본어로 예배를 드린다는 것이 두렵기도 하고 신기하기도 했다. 예배가 시작되어 찬송을 부르기 시작했다. 일본선교 비전을 받은 후 일본어를 조금씩 시작했는데, 히라가나(平假名)를 읽기 시작한 것이다.

그러나 우리의 수준은 찬송가 가사를 따라갈 수가 없었다. 읽으려다 보면 멜로디가 휙 지나가버렸다. 하여튼 우리는 찬양에 일본어 잡음(雜音)을 넣어가며 열심히 멜로디를 따라갔다. 설교시간이 되자 프리슨목사님이 나오셔서 일본어로 설교를 시작하셨다. 지금 생각해보면 영어식 액센트가 섞인 일본어였다. 그러나 당시 우리가 듣기에는 훌륭한 일본어였다. 어떻게 저렇게 술술 일본어가 나올까 하며 부러움 섞인 시선으로 목사님을 바라보았다.

우리는 예배 후 목사님의 소개로 일본인들 앞에 처음 서게 되었다. 영어로 내 소개를 하고 어떻게 여기에 오게 되었는지 등을 간단하게 설명했다. 우리가 선교하러 일본에 가려고 한다고 했더니, 고맙다며 인사를 하는 일본인 성도들도 있었다.

주중에는 한 달에 한번씩 돌아가며 각 가정에서 모였다. 일본인 성도들이 모여 자체적으로 일본어 성경공부를 하였다. 당연히 나는 알아들을 수가 없었지만, 옆에서 친절히 한 성도가 통역을 해주었다. 머리가 희끗희끗한 중년의 남자 성도였다. 그분은 성경공부가 끝난 후 일본이 한국에 대해 저지른 잘못에 대해 사과한다며 머리를 숙였다. 나는 쑥스럽기도 하고 주위 사람들의 눈치도 보였다. 처음 대하는 일본인들의 자세가 궁금하기도 했다. 말로만 듣던 일본인들의 속과 겉을 하나하나 공부해나가는 과정이었다.

뉴 웨스터민스터 교회에는 일본인 장로가 두 사람 있었는데, 일본인 장로 중 한 사람은 비교적 젊고 나에게도 친절하게 대하려고 노력하는 것 같았다. 그런데 어느 주일 예배 후 함께 식사를 하며 일본 어느 지방에서 오셨냐고 물었더니, 이내 안색이 굳어지며 안 좋은 표정을 지었다. 나는 순간 뭔가 잘못되었나 싶어 다시 정확히 물어보았다. "일본 어느 곳에서 오셨어요?" 그러자 조금 얼굴 표정을 풀면서 규슈(九州, 일본의 남부지방, 부산과 가깝다)라고 했다. 더 이상 깊은 대화는 하지 못했다. 왜 그 사람은 그 질문에 기분이 상했던 것이었을까? 한국인 목사로부터 자신이 선교지의 사람으로 부각되는 것이 자격지심(自激之心)으로 비쳤던 것이었을까?

한번은 그 일본인 장로와 예배 후 같이 식사를 하면서 일본어 성경공부에 대해 대화를 나누게 되었다. 나는 목사로 신학교에서 공부를 하고 있는 사람이니 성경공부에 대한 이런저런 아이디어가 있었다. 그날은 내가 성경공부에 이해를 돕는 도표를 하나 만들어갔다. 마침 그 내용에 대한 얘기가 나와 내가 만든 도표를 보여주었더니, 놀라며 기뻐했다. 아주 좋다며 복사를 해야겠다는 것이다. 그러라고 했더니, 잠시 후 돌아오면서 다시 내게 돌려주는 것이 아닌가... 왜 그러냐고 했더니 그냥 됐다고 하며 말꼬리를 흐렸다. 순간 자존심이 상했던 것일까?

우리가 그 교회를 떠나는 날, 식당에서 함께 사진을 찍으려고 하는데, 그 일본인 장로가 밖으로 나가려고 했다. 내가 바쁘시냐고 했더니, 그냥 지금 가야 한다고만 했다. 재차 물었더니 같은 대답이었다. 우리가 마지막으로 같이 사진 찍으려고 하니, 같이 찍자고 강권하니 마지못해 자리에 서주었다. 자신의 나라로 떠나는 선교사를 배웅하기가 끝내 내키지 않았던 것 같았다. 캐나다에서 일본을 공부할 수 있었던 지난 4개월이었다.

그들이 이웃에게 각기 거짓을 말함이여 아첨하는 입술과 두 마음으로 말하는도다. (시편 12:2)

"오직 나의 의인은 믿음으로"

3월 9일 써리(Surrey) 아파트 앞 3월인데도, 눈이 내렸다.
캐나다 생활 중 가장 힘들었던 2003년 3월의 봄

해가 바뀌어 2003년이 되니 이제 공부도 거의 끝날 무렵
이 되었다. 나는 선교의 길이 정해졌으니 구체적인 준비를
시작하였다. 먼저는 선교회를 찾아 정하는 일이었다. 전부
터 들어왔던 선교회를 비롯하여 처음 듣는 선교회까지 두루
두루 찾아보았다. 비교적 믿음을 원칙으로 하여 복음을 전
하는 선교회와 접촉하며 순조롭게 진행되어갔다.

이제 공부를 마치면 한국으로 돌아가 선교회에 정식으로

입회하는 절차를 거쳐 약 3개월간의 선교준비 훈련 등을 마치면 선교지로 들어가게 되는 과정이였다. 졸업 후의 스케줄이 정해지니 조금 마음의 여유가 생겼다. 그간 공부하느라 바빴던 탓에 자연이 좋은 캐나다였지만 가본 곳이 별로 없었다. 이곳 저곳 좋다는 얘기는 많이 들었어도 그저 얘기뿐이었다. 그 유명하다는 록키산맥(Rocky Mountain)도 우리에게는 그저 그림의 떡이었다. 그러니 이제 마지막 한달 정도는 여유 있게 여행도 좀 하고 쉬다가 한국으로 돌아간다는 야무진(?) 계획을 마음 속으로 그려보고 있었다.

그런데 갑자기 예상치 못했던 일이 터졌다. 은행 잔고가 바닥이 난 것이다. 밴쿠버에 처음 도착했을 때 막내동생이 나에게 부탁을 하였다. 새로 사업을 시작하려고 하는데 형 돈을 좀 빌려달라는 것이었다. 형은 생활비 정도만 있으면 되니, 매달 사업을 해나가면서 갚아가겠다는 것이었다. 동생이 사업을 하며 갚아 나가겠다는데 거절하기가 힘들었다. 당장 필요한 돈을 제외하고 동생에게 돈을 빌려 주었다.

그 후 매달 생활비며 매 학기 등록금이며 동생으로부터 조금씩 받아서 별일 없이 2년을 보내왔는데, 갑자기 이게 무슨 일인가? 싶었다. 동생이 준 수표가 사업실패로 부도(不渡)가 난 것이었다. 갑자기 하늘이 캄캄해진 기분이었다. 이제 공부를 마치고 좀 쉬려는데 이겐 무슨 마른 하늘에 날벼락인가 싶었다. 동생을 찾아가 얘기한들 뾰족한 수가 없었다. 이미 날라간 돈이 다시 돌아올 리 없었다. 동생네도 그랬지만, 우리 다섯 식구는 이제 외국에서 홈리스(homeless, 집없는 사람)가 되어야 할 판이었다.

순탄하게 잘 나간다 싶었던 내 인생이 크나큰 절벽에 꽝하고 부딪힌 것과 같은 기분이었다. 잠도 잘 오지 않았다. 그저 멍한 기분이었다. 이제 어떻게 해야 한단 말인가... 이렇게 삼 일이 지난 새벽... 그날도 잠이 잘 오지 않아 일찍 일어나 거실로 나와 앉았다. 무슨 새벽기도를 하려고 한 것도 아니었다. 그냥 잠이 안 오니 답답해서 나온 것이었다. 거실 카펫 바닥에 그냥 주저 앉아있던 나에게 갑자기 음성이 들려왔다.

"너는 왜 근심하고 있느냐?" 하시면서 다음과 같이 물으셨다. "너는 내가 전지전능한 하나님임을 믿느냐?"

나는 그냥 스치는 생각이 '내가 명색(名色)이 목사요, 유학까지 와서 공부한 사람인데, 그런 걸 모를까 봐 물으시나...' 그러나 그 순간 내 입에서 나오는 대답은 모기 소리만한 "네..." 였다.

그러자 주님은 "그런데 너는 왜 염려하고 있느냐? 오직 나의 의인은 믿음으로 말미암아 사느니라."라는 말씀을 주셨다. 그 순간 나의 온 몸은 머리부터 발끝까지 소름이 돋았다. 그렇게 많이 읽고 말했던 '믿음'이란 단어가 왜 그리 크게 들렸을까? 이번엔 하나님의 시원한 생수의 말씀으로 샤

워를 한 기분이었다. 그 순간 내 어깨를 꽉 눌렀던 근심 걱정은 어디로 갔는지 없어지고, 갑자기 기쁨과 평안이 내 마음 속으로부터 솟아나기 시작했다. 너무 기쁘고 감사했다. 아니 내가 지금까지 무얼 믿어왔나? 하는 생각으로 한심하기까지 했다.

다음날 아침 일어난 아내에게 새벽에 들은 하나님 말씀을 해주었다. 힘들어했던 나를 아는 아내인지라 일단 안심하며 좋아했다. 기쁨이 아내에게도 전달되는 것을 느꼈다. 전기보다 더 강한 성령님의 전율이 전해진 것이었다. 둘이 식탁에 앉아 그냥 웃었다. 조금은 실성한 사람처럼... 웃을 이유가 아무 것도 없는데도... 아니 울어도 시원치 않을 이때에 웃음이라니...

그렇다. 하나님께서 지키시는 사람에게 근심은 더 이상 적이 되지 못했다. '이로 말미암아 모든 경건한 자는 주를 만날 기회를 얻어서 주께 기도할지라. 진실로 홍수가 범람할지라도 그에게 미치지 못하리이다.' (시편32:6) 시편의 말씀 그대로였다.

나의 의인은 믿음으로 말미암아 살리라. 또한 뒤로 물러가면 내 마음이 그를 기뻐하지 아니하리라. (히브리서 10:38)

백배의 축복, 남호의 오병이어

집에서 함께 찍은 삼형제. 가운데가 첫째 남호(9) 오른쪽이 둘째 남혁(6)
맨 왼쪽이 막내 남일(3)

하나님께로부터 믿음을 선물 받고 나니 한없이 평안하고
가벼웠다. 그러나 주머니도 가벼워진 것은 사실이었다. 당
장 먹을 것이 걱정이었다. 하루는 아내가 지역신문을 펼쳐
보더니, 근처에서 어려운 사람들을 위해 음식을 나누어 주
는 곳이 있으니 받으러 가자고 했다. 나 참 살다 보니 별일
을 다 해본다며, 나는 웃으며 아내를 따라 나섰다. 집에서

얼마 멀지 않은 곳에 사람들이 줄지어 서있었다. 아마 우리
처럼 음식을 받기 위해 온 사람들 같았다. 잠시 기다리니,
창고 문을 열고 한 사람씩 음식을 나누어주기 시작했다. 빵
이며, 주스며, 과자며, 박스로 나누어 주었다. 평소 슈퍼에
가서 사는 것보다 더 풍성하게 식료품을 받아왔다.

알고 보니 이곳은 후드 뱅크(FOOD BANK, 어려운 사람들에게
기증받은 식료품을 무료로 나누어 주는 곳)라는 단체가 운영하는
곳이었다. 우리가 살던 곳만이 아니라 캐나다 전체에 이런
단체들이 활동한다는 것을 알게 되었다. 참으로 고마운 일
이 아닐 수 없었다. 덕분에 우리같이 먼 외국에서 온 사람들
도 도움을 받았으니 이 얼마나 귀한 일인가! 나그네를 대접
하는 그들에게 하나님의 은혜가 반드시 임하리라 믿는다.

그간 우리는 매주일 20달러씩 헌금을 하였다. 당시 환율
로 2만원이 채 안 되는 액수였다. 그런데 통장이 바닥나다
보니 20달러는 우리에게 아주 큰 돈이 되어버렸다. 부도 사
건이 나고 첫 주가 되었는데, 헌금할 돈이 없었다. 그런데
마침 아내가 큰 아이 남호가 갖고 있던 돈 20달러를 빌렸다
며 나에게 주었다. 아마 생활비를 생각한 것 같았다. 나는
그 돈을 받아 든 순간, 매주 드리던 20달러가 생각났다. 하
나님께 드리기로 마음 먹었다. 그까짓 20달러로 뭘 사먹는
들, 하나님께서 지켜주시지 않으면 우리가 어떻게 살 수 있
으랴... 라는 믿음이 들었다. 역시 받는 자보다 주는 자가 복

이 있다는 말씀대로 헌금을 드리는 나의 마음이 기뻤다. 20 달러로 사먹는 그 어떤 음식보다도 말이다.

주일이 지나고 2, 3일이 지났는데, 지혜네가 놀러 온다고 했다. 지혜네는 우리랑 비슷한 시기에 밴쿠버에 이민 온 한국인 가정이었다. 지혜 아빠도 나랑 나이가 비슷해 서로 친하게 지내고 있었다. 그날도 온 가족이 함께 식사도 하며 재미있게 놀았다. 식사 후 이런 저런 얘기 중, 이제 떠날 준비는 잘 되냐며 지혜 아빠가 물었다. 네 그럭저럭 하고 있는데, 짐들을 어떻게 처분해야 할지 조금 고민하고 있다고 했다. 침대며 식탁이며 소파 등 부모님이 사주신 가구며 쓰시던 것을 받은 것도 많았다. 또 한국에서부터 가져온 책도 꽤 되었다.

그런데 마침 같은 아파트에 중국에서 사역하다 오신 한국인 선교사 가정이 이사를 왔다. 그래서 그분들한테 소파며 텔레비전이며 필요한 것들을 주기로 했던 차였다. 그래도 책이며 침대며 남는 물건들은 어떻게 하나 하고 있던 참이었다. 그때 갑자기 지혜 아빠가 "필요 없는 물건들을 제가 다 사겠습니다." 하는 것이었다. 나는 "사긴요. 필요한 건 다 가져가세요."라고 했다. 그랬더니 지혜 아빠는 아니라며 가져갈 것들은 하나 하나 챙겨보기 시작했다. 책장의 책들이며, 침대며 컴퓨터 책상이며 이리저리 둘러보더니, "목사님, 한 이천 달러 정도 드리면 되겠죠?"라는 것이었다. 나는 놀라서 "네? 이천 달러요? 무슨 그런 말씀을. 그러실 필요 없습니다." 했더니, 펄펄 뛰며 절대로 돈을 받으셔야 한다며 뜻을 꺾지 않았다.

아마도 물건 값보다도 선교를 떠나는 목사의 가정을 위해 조금이나마 보탬이 되고자 했던 마음 같았다. 고맙고 감사했다. 그 순간 갑자기 내 머릿속에 20과 2000이라는 숫자가 서로 연결되고 있었다. "그렇구나! 하나님께서 불과 삼일 전에 드린 20달러를 받으시고, 그 백배로 갚아주신 것이구나!" 라는 깨달음이 오자, 2천달러라는 돈의 액수보다 더 큰 기쁨이 몰려오기 시작했다. 말씀 위에 믿음으로 발을 내디디니, 길이 열리기 시작했다. 너무도 신기하고 재미있었다. 갑자기 부자가 된 기분이었다. 20달러도 없던 나에게 2,000달러라니! 평소 느끼던 2,000달러의 100배의 기쁨을 맛보는 느낌이었다.

그리고는 지혜 아빠가 덧붙여 말했다. "돈은 한국 통장에 넣어드리면 되죠? 한국에 가서서도 쓰셔야 하니." 나는 순간 속으로 '지금 주셔도 되는데...' 라는 마음이 굴뚝 같았다. 지금 당장 쓸 돈들이 많았기 때문이었다. 하지만 굳이 배려해서 생각해주는 마음을 거절할 수 없었다. "아 네~ 괜찮습니다. 한국에도 통장이 있으니깐요"라고... 그런데 실제로 얼마 후 한국에 나왔을 때, 지혜 아빠가 넣어준 그 돈은 값진 첫 생활비로 쓸 수 있었다.

좋은 땅에 뿌리웠다는 것은 말씀을 듣고 깨닫는 자니 결실하여 혹 백배, 혹 육십배, 혹 삼십배가 되느니라.(마태복음 13:23)

2003년 4월

믿음은 바라는 것들의 실상

ACTS 신학교 졸업사진
졸업 파티 때 졸업생을 소개하는 스크린에 나왔던 사진

　캐나다 밴쿠버에서의 시간이 어느덧 흘러 떠날 날이 가까이 왔다. 2001년 7월 한국에서 밴쿠버로 올 때, 새로운 개척지를 향해 떠나던 기분이었는데, 이제는 진짜 선교의 불모지로 떠난다 생각하니, 진짜 개척자가 된 기분이 들었다. ACTS신학교에서의 생활은 그런대로 재미있으면서도 긴장되는 시간들이었다. 아무리 신학교를 나왔어도 타문화사역이라는 새로운 영역을 영어로 공부한다는 것이 그리 쉬운 일은 아니었다. 그러다 보니 배워가는 재미와 더불어 따라가야 한다는 긴장이 항상 반복되는 것 같았다.

그래도 시간은 유수(流水)와 같아 어느새 2년이라는 시간이 흘러가버렸다. 항상 돌이켜보면 지나간 시간들은 어려웠던 순간들의 푸근한 추억으로 되살아나는 것 같다. 그때는 그랬었지... 하며, 고생 조차도 되새길 수 있는 여유는 시간이 주는 과거의 선물들 같다.

ACTS신학교를 졸업하며 잊을 수 없는 한 순간은 아마도 마지막 수업 때가 아닌가 싶다. 타문화사역 (Cross Cultural Ministry) 과정에는 세 분의 전담교수가 있었는데, 학위만이 아니라 필드(field)에서 풍부한 사역 경험을 가지고 있는 분들이었다. 나의 담당교수였던 번 미들턴(Vern Middleton)교수는 인도 선교사로 12년을 사역하였으며, 과정 책임자였던 맥컬리스터(McCullister)교수는 아프리카 선교사로, 또 한 사람인 루이스(Luise)교수는 아르헨티나에서 선교사 자녀로 자라 선교사가 된 분이었다.

마지막 수업 때, 미들턴교수와 맥컬리스터교수가 함께 들어왔다. 아마도 전 과정을 정리하는 의미에서 두 분이 함께 자리를 한 것 같았다. 서로 얘기를 해나가면서 마지막으로 미들턴교수가 이런 말을 했다.

"서양은 영적으로 펑크가 나있습니다."(The Western has

been flunked in spirit.) "그러니 여러분들이 나가서 잘 하세요." 라고.

듣고 있던 나를 비롯해 심지어 함께 자리했던 맥컬리스터 교수도 놀라는 눈치였다. 지금 서양의 신학교에 와서 공부를 하고 있는데, 서양이 영적으로 펑크가 나있다니? 이게 무슨 의미인가? 풍부한 경험과 학문적 지식을 갖고 있는 노(老)교수는 사실 자신들의 영적 상태를 있는 그대로 고백한 것이었다. 어떻게 보면 이 한마디를 들으려고 밴쿠버까지 하나님께서 보내신 것이 아닌가 할 정도로 충격적이면서도 깊은 의미의 말이었다. 어쨌든 나는 한국의 크리스천으로서 잊을 수 없는 명언을 졸업선물로 받게 된 것이었다.

졸업식이 있기 한달 전쯤인 3월 13일, 부부동반으로 졸업파티가 있었다. 큰 홀을 빌려 저녁식사를 겸한 파티였는데, 가장 인상에 남는 것은 졸업생 한 사람 한 사람의 사진을 큰 스크린에 비춰가며 자신이 하고픈 말을 간략히 소개하는 시간이었다. 나는 그 시간에 "내년 2004년도에는 일본에 가있기를 소망합니다."라고 썼던 기억이 난다. 당시 졸업하며 가장 큰 기대와 두려움은 과연 내가 선교의 불모지라는 일본 땅에 제대로 안착할 수 있을까? 라는 실낱 같은 희망과 더불어 막연함이었다.

단지 내가 믿고 있었던 것은 주님이 나를 부르셨기에 주님께서 나를 보내시고 인도해주시리라는 확신이었다. 그것 외에는 그 어떤 것도 나의 상식과 지식을 만족시켜줄 것이 보이지 않았기 때문이었다. 그러나 이 또한 하나님께서 나에게 믿음을 주시고 강하게 만들어 가시는 또 하나의 과정이었다. 나의 눈에 보이고 잡히는 것은 없었지만, 하나님께서 주신 말씀을 통해 미래의 것을 영적으로 보고 붙잡는 것이 바로 믿음이라는 것을 말이다.

이스라엘 백성들이 가나안 땅에 들어가기 전, 40일간 정탐하고 돌아온 정탐꾼들 중 갈렙과 여호수아를 제외한 열명의 사람들은 그 땅을 악평하며 절대 들어갈 수 없다고 뒤로 나자빠졌다. 그러나 여호수아와 갈렙은 하나님이 우리와 함께 하신다며, 하나님께서 그 땅을 우리에게 주실 것을 선포했다. 믿음은 하나님께서 약속하신 것이 반드시 이루어질 것이기에 마치 지금 내 눈으로 보고 손으로 만지듯이 확신할 수 있는 것. 이것이 진짜 믿음 임을 다시 한번 깨우쳐주셨다.

4월 21일 졸업식과 더불어 밴쿠버에서의 공부와 훈련에 종지부를 찍을 수 있었다. 나의 상식적이며 지식적인 능력이 얼마나 연약한 가를 깨달으며, 동시에 신앙적이며 영적인 믿음의 능력이 얼마나 강한 가를 체험하며 배웠던 시간들이었다.

믿음은 바라는 것들의 실상이요 보이지 않는 것들의 증거니...(히브리서 11:1)

2003년 4월

비행기 티켓과 맞바꾼 자동차

밴쿠버에서 타던 자동차 앞에서. 첫째 남호가 할머니랑 함께 포즈를 취했다.

불과 한달 전만해도 공부를 마치면 좀 쉬며 여행도 해야겠
다는 계획이었는데, 이제는 하루 하루의 생활이 걱정되는
형편이 되었으니 여행은 꿈도 못 꾸게 되었다. 한달 집세도
낼 수가 없으니 이제는 가능한 빨리 한국으로 돌아가야만
했다. 4월 21일 졸업식이 끝나는 대로 짐을 정리하여 한국으
로 돌아가기로 했다. 짐은 같은 아파트로 이사온 한국인 선

70 오직 믿음으로

교사 가정과 지혜네 가정에 나누어주고, 나머지 일본에 가서 쓸 것들은 아파트 창고에 보관하기로 했다. 그런데 한가지 큰 문제가 남아 있었다. 바로 한국으로 돌아갈 비행기 티켓 값이었다. 비행기표를 알아보니, 가장 싼 대한항공 편도(片道)로 끊어도 3,000달러가 되었다. 그때 상황으로서는 너무나 큰 액수였다.

도대체 어디서 비행기표 값을 구하나 고민이 되었다. 이미 부모님께서는 그 달 아파트 월세도 대신 내주셔서 더 이상 신세를 질 수도 없었다. 그때 생각난 것이 바로 타던 자동차였다. 아버지께서 이민오시던 해에 사신 미제(美製) 승용차였다. 우리가 밴쿠버에 오니 차 없이는 못 다니니 쓰라며 주신 차였다. 이미 10년 가깝게 탄 차이니 그냥 그런 중고차인가 보다 하고 타고 다녔었다. 5인승 승용차인데다 조금 사이즈가 큰 차라, 아이들이 많은 우리 가족에게는 적합했었다. 그런데 이제 한국으로 가는 유일한 비행기표가 바로 저 자동차란 생각을 하니, 갑자기 귀한 씨 암소처럼 보이기 시작했다. 그러나 이미 10년이 넘은 중고차를 3,000달러에 팔 수 있을까도 의문이었다. 중고차 딜러에게 가면 더 돈을 받지 못할 것 같기도 하고, 벼룩시장 같은 곳에 광고를 내야 하나... 하며 하나님께 길을 열어달라고 기도했다.

일단 비행기표를 예약하고 자동차 처분을 생각하기로 했다. 그 주말 바로 옆에 사는 한국인 아주머니가 차를 판다는 얘기를 들었는지, 한번 보고 싶다고 했다. 그러나 차를 보더니 자신이 타기에는 조금 큰 것 같다고 했다. 남편이 타는 차는 있는데, 자신용으로 작은 차 하나를 구하고 있었던 것 같았다. 우리가 타던 차가 3,000cc가 넘는 차라 조금은 부담이 되었던 것이다.

그런데 그 주 교회를 다녀왔더니, 그 옆집 아주머니가 다시 차를 볼 수 있냐는 것이었다. 월요일 남편이 시간이 되니 차를 한번 타보고 싶다는 것이었다. 나는 얼른 그러라고 했다. 하나님께서 일을 하시는구나 하는 느낌이었다. 지난주 예약해두었던 비행기 티켓 마감이 목요일로 다가와 있었다.

월요일이 되어 옆집 아저씨를 만났다. 차를 몰아보고 싶다고 해서 같이 차를 타고 밖으로 나갔다. 동네 한 바퀴를 몰아보며 승차감이 괜찮다고 했다. 드라이브가 끝난 후, 아저씨는 차에서 내려 차를 둘러보기 시작했다. 엔진상태며 뒤 트렁크며, 앞뒤 문짝이며 꼼꼼히 체크하기 시작했다. 그런데 그 당시 차의 상태가 썩 좋았던 것은 아니었다. 조수석 문은 몇 년 전에 누군가가 슬쩍 하려고 드라이버로 상처를 내놓은 상태였고, 뒤 트렁크 문도 열쇠로 열다가 부러져 끼여있던 상태였다. 나는 해당 되는 곳에 이르면 설명을 하려고 준비하고 있었다. 그런데 뒤 트렁크는 열쇠로 안되니... 라고 말하려고 하면 자신이 먼저 조수석 서랍을 열고 자동 열림버턴을 누르며 오히려 나에게 가르쳐 주었다. 내가 그

버튼을 모르고 있는 사람처럼... 그것도 두 번씩이나 그런 식으로 내 설명할 기회를 막고 넘어갔다. 나는 속으로 "이건 뭐지...?"라는 생각이 들었다. 나는 안 좋은 물건을 속여 팔려는 것이 아닌데... 그때 성령께서 이는 하나님께서 정하신 일임을 깨우쳐 주셨다. 주께서 이 차를 3,000달러에 그 사람과 맞바꾸도록 정하셨다는 것이다. 내가 왈가왈부(曰可曰否) 할 상황이 아니었다.

우린 시승식을 마치고 그 집에 들어가 차를 마시며 대화를 나누었다. 이제 거래를 결정해야 할 시간이었다. 아저씨는 차가 미제라 그런지 승차감도 좋고 엔진도 괜찮다고 했다. 다만, 조금 비싼 것 같으니 조금 깎아달라고 했다. 그러나 나는 더 이상 물러설 곳이 없었다. 다시 한번 나의 사정을 얘기하며 이해를 구했다. 우리가 이제 한국으로 돌아가야 하는데, 이 자동차를 팔아 비행기를 타고 가야 하니 3,000달러 이하로는 안됩니다. 옆집 아저씨는 웃으면서 그러냐고, 그렇다면 목사님을 도와드리는 셈치고 그 차를 사겠다고 했다. 순간 너무 기쁘고 감사했다. 하나님께서 이렇게 역사하시는구나! 막막했던 하늘 길이 순간 환하게 열린 기분이었다. 수요일 차 대금을 건네 받은 나는 다음날 목요일 약속한 시간에 3,000달러를 주고 무사히 비행기표를 받을 수 있었다.

그런즉 너희는 먼저 그의 나라와 그의 의를 구하라. 그리하면 이 모든 것을 너희에게 더하시리라.(마태복음 6:3)

밴쿠버 공항에서의 인종차별

4월 30일 캐나다를 떠나던 날 밴쿠버 공항에서. 둘째 남혁이가 찍어준 사진

졸업 후 비행기표 문제를 해결하고 나니, 이제는 마지막 짐 정리가 남아있었다. 짐을 나눠주고 일본으로 보낼 짐을 창고에 정리한 후, 이제부터는 집 청소가 시작되었다. 한국에서는 이사할 때 복이 달아난다고 일부러 청소를 안 한다고 하지만, 캐나다에서는 들어올 때처럼 깨끗하게 청소를 해놓고 나가야 했다. 닦고 밀고 치우고 카펫이라 윤은 안 나

도 처음처럼 깨끗하게 만들려고 애를 썼다.

집 정리가 완전히 끝난 후 우리는 지혜네에 가서 하룻밤 신세를 지고, 다음날 밴쿠버 공항으로 떠나기로 했다. 얼마 전, 지혜네가 같은 동네 아파트에서 살다 좀 떨어진 곳에 타운 하우스(town house, 단독주택을 묶어 만든 연립주택)를 사서 이사했었다. 그래서 우리 대가족이 가서 신세지기도 좀 수월했다. 다음날 우리의 가는 마지막 길을 지혜네 엄마와 같은 아파트 한국 선교사님이 함께 했다. 식구 다섯에 옷 가방이 두 개씩 열 개라, 밴 차량 두 대에 가득했다. 우리의 짐을 나눠가진 두 가정의 도움으로 무사히 공항에 도착했다. 서로 이별의 정을 나누고, 이제 진짜 출발이구나... 라는 마음으로 수속 카운터로 갔다.

줄을 서서 순서를 기다리고 있는 앞에 60대정도로 보이는 할머니 직원이 대한항공 카운터에서 승객들을 안내하고 있었다. 아마도 통역안내원이 아니었나 싶었다. 마침 내 앞에 서있던 사람이 일본인이었는데, 그 할머니 직원이 유창한 일본어로 반갑게 맞으면서 친절하게 안내를 해주었다. 연세 드신 분이 웃으면서 안내하는 모습을 보니 젊은 여직원 못 지않게 아름답게 보였다. 다음 내 차례가 되어 서울로 간다고 했더니, 갑자기 그 할머니 직원의 얼굴이 굳어지며 그 친절함은 어디로 갔는지 퉁명스럽게 저쪽으로 가라고 밀어내듯 손짓했다.

나는 순간 "이건 또 뭐지?"라는 생각이 뒤통수를 쳤다. 지금까지 서양인들도 저렇게까지 드러내놓고 차별을 하는 것을 보지 못했는데, 같은 동양인 아니 같은 한국사람에게 왜 저리 불친절한 것인가? 그것도 일본인에게는 그리 친절했으면서... 라는 생각이 꼬리를 물었다. 차별은 남보다 내가 더 받지 못했을 때 느끼는 정신적 수치심이나 상실감인데, 그 할머니 직원으로부터 받은 차별은 오히려 나에게 그 할머니가 갖고 있는 수치심이나 상실감에 대해 생각하게 해주었다.

무엇이 그 할머니로 그런 태도의 변화를 갖게 했을까? 우선 일본인에 대한 호감이 있을 것이다. 대체적으로 일본인들은 외부에서 자신을 드러내지 않으려고 한다. 그러다 보니 말소리도 작고, 쓸데없는 행동을 하려고 하지도 않는다. 물론 이런 판단은 좀 나이가 든 기성세대의 일본인들을 기준으로 한 말이다. 요즘 젊은 세대와는 어느 정도 거리감이 있다. 하여튼 밴쿠버와 같은 국제적인 도시에서 좀 시끄러운 한국인들과 비교했을 때, 일본인들은 질서도 잘 지키고 얌전한 우량(優良) 고객으로 그 할머니의 눈에 비쳐졌는지도 모르겠다. 그것이 같은 한국인으로서 본인에게는 수치심이나 상실감을 불러일으켰을 것이며, 그 반작용은 같은 한국인에게는 불친절을, 흠모하는 일본인에게는 친절을 선사하는 원동력이 되었을 거라는 결론에 이르게 되었는데...

공교롭게도 그 시간은 내가 하나님의 부름으로 '일본'이라는 나라를 행해 떠나려는 자리였다. 하나님께서는 왜 일본을 향해 떠나는 나에게 저런 인상을 보여주셨을까? 하고 다시 생각해보게 되었다. 나는 이미 교회 안에서 일본인 장로를 통해 일본인이 어떤 사람들인가에 대해 '오리엔테이션'(orientation)을 받은 적이 있다. 그러나 객관적으로는 일본인들이 어떤 평가나 대접을 받고 있는지에 대해서는 잘 모르고 있었다. 그것을 잘 가르쳐준 사람이 바로 그 할머니 직원이었다. 그러고 보니 그 할머니는 나에게 차별이란 찬물을 끼얹은 것이 아니라, 일본인에 대한 외형적 평가를 몸소 가르쳐 준 셈이 되었다. 하나님께서는 당하는 일 하나하나, 만나는 사람 하나하나에도 버리는 것 하나 없도록 알뜰하게 챙겨주셨다.

> 외모로 보시지 않고 각 사람의 행위대로 심판하시는 이를 너희가 아버지라 부른즉 너희가 나그네로 있을 때를 두려움으로 지내라.(베드로전서 1:17)

3m 위에서

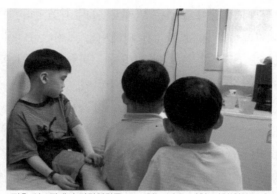

평촌 선교관에서 만화영화를 보고 있는 남호, 남혁, 남일(왼쪽부터)

　4월 30일 밴쿠버에서 서울행 비행기에 몸을 실은 우리는 10여 시간의 비행 끝에 태평양을 건너 인천국제공항에 도착하였다. 한국은 벌써 5월 1일 오후가 되어있었다. 목회하던 교회의 새 목사님이며 성도들이 마중 나와 주었다. 무슨 개선 장군처럼 환영해주니 감사할 따름이었다.

　한국에 오니 이제 드디어 선교의 길에 들어섰나 보다라는 느낌이 들기 시작했다. 무엇보다 중요한 일은 밴쿠버에서부터 연락을 취했던 선교회와의 관계였다. 이제 정식으로 심사를 거쳐 선교회에 입회하는 과정이 남아있었다. 이 선교회는 영국에 본부를 둔 국제선교단체로 한국에서는 오래되지 않았으나 신망이 두터운 단체로 알려져 있었다. 영어권의 국제단체이다 보니 선교를 위해서는 먼저 2년간의 영어권 훈련을 요구했다. 우리는 이미 밴쿠버에서 2년간 공부와 생활을 하였기에 자연스럽게 자격조건이 충족되었다.

그 선교회의 대표는 아프리카에서 10년이상 선교를 하고 돌아온 한국인 선교사부부가 맡고 있었다. 두분 다 우리를 반갑게 맞아주었고, 그간 고생했다며 격려해주셨다. 우리는 선교회에서 주선해 준 안양의 어느 교회 선교관에서 한 달간 지내게 되었다. 원룸의 작은 방이었으나 당시 아이들도 어리고 해서 지낼 만 했다.

5월말 선교회 수련회가 있어 가족 모두 참석하게 되었다. 선교회 선교사들과 가족 모두를 만나게 되는 중요한 자리였다. 선교회에 대해서도 알게 되고, 서로 서로에 대해서도 알게 되는 중요한 자리였다. 이 수련회를 통해 나를 잘 보았는지 대표 선교사님이 나더러 이번 가을에 있을 선교대회 준비위원장을 맡으라고 하셨다. 나도 놀라고 그 자리에 있었던 다른 선교사들도 놀라는 눈치였다. 이제 새로 들어온 사람에게 그런 중책을 맡길 수 있나? 하는 분위기였다. 나도 부담스러웠다. 단지 일만 하는 것이 아니라 그 선교회도 알고 멤버로써 시간이 필요한 것이 아닌가 싶었다. 그러나 대표 선교사님의 생각은 달랐다. 준비위원장이라는 감투나 기존의 관습에 얽매이지 않고 참신하게 일을 할 수 있는 사람을 뽑고 싶어하셨던 것 같았다.

나는 자리나 일 자체에 대한 욕심은 없었다. 다만, 내가 몸담고 일하려는 선교회에서 내게 일을 맡기니 할 수 있는 대로 하려고 했다. 그러나 생각처럼 그렇게 일은 쉽지가 않았다. 무엇보다 자리에 연연하는 사람들의 갈등, 그리고 의욕이 넘치다 못해 자기 뜻대로만 하려는 방해꾼 같은 사람들... 대표 선교사님과 상의를 해도 상황은 달라지지 않았다.

일은 점점 헛바퀴를 돌고 있었다. 정말 당장이라도 그만두고 싶었지만, 여러 가지 상황들이 그렇게 만은 할 수가 없었다. 쿵쾅 소리를 내며 질질 끌려가는 듯했다. 겉에서는 번듯하게 보이는 '국제선교단체'인데, 안은 왜 이 모양일까? 조금씩 실망감이 쌓이기 시작했으나 당시는 그렇게 심각하게는 다가오질 않았다. 나는 이제 곧 선교지로 떠날 사람이라는 안도감(?)과 더불어 당시 뜨거웠던 사명감이 나를 지켜주고 있었던 것 같다.

한번은 밖에서 대표 부인 선교사님과 대화할 시간이 있었다. 그런데 갑자기 내가 맞은 편에 앉아있던 선교사님보다 3m정도 위에 올라가 있는 것이 아닌가! 정말 신기하고 놀라웠다. 분명 나는 의자에 앉아있는데, 내 눈의 높이는 저 위에서 밑을 내려다보고 있었다. 내가 교만해져서 그런 착각이 든 것이 아니었다. 내 자신도 놀랐을 뿐더러, 잠시 후 성령께서 그 이유를 분명히 알려주셨기 때문이다. "네가 위에서 본 것은 바로 그 사람의 영적 높이를 나타내 준 것이다."라고...

우리가 일본에 온지 일년 후, 그러니깐 2005년 봄, 선교사 훈련을 받고 있던 한 가정의 부인 선교사가 암에 걸렸다는 것이다. 나중에 소식을 보니, 그 선교사는 우리와 같은 때에 그 선교회에 들어갔던 젊은 부부였다. 남편은 의사요, 헌신적인 사람으로 알고 있었다. 인터뷰 심사 때 잠시 얼굴을 본 기억이 나기도 했다. 선교회 내에선 그 선교사를 위해 기도하는 소리가 점점 더 커지기 시작했다. 선교회 전체가 눈물로 기도했던 때였던 것 같다.

일년 후인 2006년, 그 부인 선교사가 소천(召天)했다는 소식을 들었다. 남겨진 젊은 남편과 어린 아이를 생각하면 가엽기 짝이 없지만, 일년 간의 투병과 더불어 선교회가 눈물로 기도할 수 있었던 것은 하나님께서 그 선교회를 위해 주신 은혜의 선물이라 믿는다.

너희가 아는 바와 같이 그가 그 후에 축복을 이어받으려고 눈물을 흘리며 구하되 버린 바가 되어 회개할 기회를 얻지 못하였느니라.(히브리서 12:17)

할아버지 선교사

일본 40일 전도여행 중 이영호선교사님과 함께

한국에 돌아와 선교회에서 한창 난항을 겪고 있을 무렵, 같은 때에 선교회에 들어온 한 형제가 하루는 나에게 일본 전국을 다니며 전도하는 백발의 할아버지로부터 강의를 듣게 되었는데, 너무 놀랍다는 것이었다. "이목사님, 일본으로 가신다고 했죠? 그분을 꼭 만나보세요. 일본 전문가 같아

요!' 나도 그 형제의 말을 듣고 보니 관심이 가기 시작했다. 일본에 대해선 전혀 문외한(門外漢)인 나에게 일본 전국을 누비며 전도를 한다니 당연히 마음이 끌리지 않을 수 없었다. 형제에게 연락을 부탁해 함께 그분이 살고 있던 오산(烏山)으로 찾아 뵙기로 했다.

약속한 날에 그 형제와 함께 그분 댁을 찾아갔다. 정말 백발의 할아버지셨다. 나이도 부모님과 비슷한 연배셨다. 그래도 말씀하시는 것이나 열정은 젊은 우리보다 더 하셨다. 일본도 가보지 못한 나에게는 그분의 말 한마디 한마디가 신기하고도 놀라웠다. 나는 그분의 말씀을 들으며 재미있기도 하고 놀라워서 다시 더 듣고 싶었다. 그분도 내가 일본선교의 부름을 받고 준비하고 있다고 했더니, 큰 관심을 보이셨다. 그래서 다른 날 나 혼자 다시 그 할아버지를 만나기로 했다.

그분의 성함은 이영호(李永護). 신학교를 나오거나 목사 안수를 받은 전문 목회자는 아니었으나, 선교의 현장에서 복음을 들고 일본 전국을 뛰어 다니고 있었으니 분명 전도자(傳道者)임에 틀림없었다. 이영호 선교사님은 주로 당신이 일본에서 전도하며 경험하고 느낀 것들을 말씀해주셨다. 에피소드 하나하나가 재미있고도 놀라운 간증들이었다. 특히 일본선교를 준비하고 있던 나에게는 천군만마(千軍萬馬)를 얻은 듯 든든함을 느낄 수 있었다.

이 선교사님은 1932년 오사카(大阪)시의 어느 교회에서 출생했다고 했다. 참으로 놀라운 일이 아닐 수 없다. 일본에서 태어난 것도 그런데, 그것도 교회에서 출생하였다니 말이다. 소학교(小學校, 한국의 초등학교) 6학년 때 해방과 더불어 한국으로 들어왔고, 공무원으로 봉직하다 퇴직하기까지 평범한 크리스천으로 살았다고 했다. 인상 깊게 들었던 그분의 신앙은 어렸을 적부터 신앙생활은 했지만, 장성해서는 신앙을 떠나있었다고 했다. 그러던 어느 날 하나님께서 주신 기회에 자신의 죄를 깊이 깨닫고 회개하기에 이르렀는데, 그냥 교회나 기도원에 가서 기도를 한 것이 아니라, 어느 산골짜기 깊은 곳으로 홀로 찾아 들어갔다고 한다. 아무도 없는 그곳에서 자신의 모든 죄를 뉘우치며 회개를 했는데, 그렇게 하기를 세 번이나 했다고 했다. 그때 이 선교사님의 하나님을 향한 곧고도 바른 마음이 굳어진 계기라고 생각된다.

그러나 진짜 인생의 전환기는 공직에서 은퇴를 하고 난 어느 날이었다고 했다. 은퇴 후 여유로운 생활 속에 세계 곳곳을 찾아 유람 여행을 즐기고 있던 어느 날, 갑자기 하나님의 음성이 들려왔다고 했다. "너 지금 무엇을 하고 있느냐?"는 하나님의 진노 어린 음성이었다고 했다. 그 말씀을 듣는 순간 '정말 내가 무엇을 하고 있지?'라는 생각과 더불어 회개가 되었다고 한다. 그러면서 내가 할 수 있고 해야 할 일은 내가 태어나고 어린 시절을 보낸 일본을 위해 무언가를 하는 것이라는 생각이 들었다고 했다.

그래서 복음의 불모지인 일본 땅에 복음을 전하기 위해 1996년 고베(神戶)시에서 처음으로 전도를 시작하였는데, 전도지 공급 부족 등 교회와의 연결 끈이 없어 중단되었다가, 2001년 한국전문인선교훈련원(GPTI)에서 훈련을 받고 평신도 선교사로서의 활동을 본격적으로 시작하게 된다. 2001년 아내와 더불어 3개월간 도쿄(東京) 및 오사카(大阪)에서의 전도를 시작으로, 매년 봄과 가을 각 3개월씩 일년의 반을 일본에서 전도여행을 해온 것이다. 앞으로 2007년까지 일본 전국의 도청소재지를 일주하는 것이 목표라고 했다. 일본에 아는 교회나 성도들이 있어 일본선교를 하는 것도 아니었다. 그렇다고 한국교회에서 정식으로 선교사로써 파송하고 후원하는 것도 아니었다. 오로지 사명에 메여 자비를 들여 유람여행이 아닌 전도여행을 시작한 것이었다. 대접을 받으면서 돌아다녀도 그 연세에 결코 쉽지 않은 일일 텐데... 무거운 짐을 들고 자비량(自備糧)으로 일본의 전국을 일주한다는 것은 상상하기 조차 힘든 일이었다.

그러나 하나님의 부르심을 따라 마지막 남은 여생을 일본의 영혼들을 위해 바치는 것은 이 세상의 그 어떤 호화스런 삶보다도 값지고 귀한 것일 것이다. 주님께서 반드시 저 나라에서 그 영적 값어치에 걸맞는 영광과 상급을 주실 것이기 때문이다.

이 선교사님 부부는 2006년도에도 3월하순부터 6월초까지 약3개월 간의 계획으로 일본에 오셨었다. 당시 히가시구루메시(東久留米市)에 살고 있던 나에게 전화하시어 이번에는 보지 못하고 갈 것 같다고 하셨다. 다음에 와서 보겠노라고 하셨는데, 왠지 목소리가 너무 피곤하게 들렸다. 전과는 전혀 다른 느낌이었다. 여로(旅路)가 무척 험했었나 보다라고만 생각했다.

그런데 일주일 후에 한 통의 전화가 왔다. 이와키시(いわき市)의 한 료칸(旅館, 일본식 여관)였는데, 지금 이 선교사님이 쓸어지셨다는 것이었다. 뇌출혈이었다. 이와키시는 이번 전도여행의 첫 출발지로 이와키(いわき) 키리스토(キリスト, 그리스도) 교회의 장로님이 운영하는 여관에서 한주간 머무시기로 했던 곳이었다.

나는 전화를 받자마자 이와키시로 달려갔다. 이미 병원에서 산소 마스크를 낀 채 의식불명의 상태였다. 전도하다 일본에서 죽고 싶다던 평소의 말씀대로 된 것이었다. 결국 가망이 없다는 판단아래 한국으로의 수송이 결정되었고, 한국으로 이송된 후 이 선교사님은 열흘이 못되어 천국으로 가셨다.

나는 선한 싸움을 싸우고 나의 달려갈 길을 마치고 믿음을 지켰으니 이제 후로는 나를 위하여 의의 면류관이 예비되

었으므로 주 곧 의로우신 재판장이 그 날에 내게 주실 것이
며 내게만 아니라 주의 나타나심을 사모하는 모든 자에게
도니라.(디모데후서 4:7-8)

40일 간의 일본전도여행

일본 40일 전도여행 중 처음과 마지막 주를 보낸 키보(希望) 키리스토 교회

    이영호 선교사님을 만나 교제한지 두 달 정도 지났을 무렵, 이 선교사께서 매년 봄, 가을로 3개월씩 아내와 더불어 일본전도여행을 가는데, 이번에는 이 목사가 같이 안 가겠냐고 물어보셨다. 나는 데려가 주시면 감사하겠다고 일본전도여행을 예약했다.

우리는 수 차례 만남을 가지며 10월초부터 11월말까지 일본을 다녀오기로 계획을 세웠다. 예년 같으면 이 선교사님 부부는 봄철은 3월부터 5월까지, 가을에는 9월부터 11월까지 전도여행을 해오셨다. 그러나 일본에 처음 가는 나를 배려해주셔서 3개월이 아니라 40일 정도로 단축해서 일정을 잡아주셨다. 사실 3개월이라는 기간도 일본에 비자 없이 머무를 수 있는 시간의 제약 때문에 정해진 것이었다.

드디어 10월이 되어 나는 10월 3일 짐을 싸가지고 오산으로 내려갔다. 다음날 아침 이 선교사님과 함께 인천공항으로 가기 위함이었다. 10월 4일(토) 우리는 아침 일찍 일어나 먼 일본으로의 여정을 시작했다. 우리는 그날 오후 무사히 일본 나리타(成田)공항에 도착할 수 있었다. 공항에서 전철을 타고 우리가 처음 묵을 교회로 향했다. 한국과 비슷해 보이면서도 모든 것이 다르게 보이는 일본의 내음을 맡으며 나는 처음 일본 속으로 들어갔다. 역에 도착하니 교회 목사님이 차를 가지고 마중을 나오셨다. 일본어를 못했던 나는 이 선교사님 뒤에서 분위기를 파악해야 했다. 처음 간 교회는 키보(希望, 희망) 키리스토(キリスト, 그리스도) 교회란 곳으로 도쿄의 북동쪽에 위치한 아다치구(足立區)에 있었다. 교회는 자그마한 3층 건물이었는데, 일본에서는 그래도 큰 편에 속한다고 했다.

특히 그 교회는 오래 전 한국인 선교사에 의해 설립되었고 지금은 일본장로교회에 소속되어 현재에 이르고 있다고 했다. 그래서 그런지 교인의 반은 일본인, 반은 한국인이라고 했다. 교회 목사님도 이 선교사님이 처음 일본전도를 위해 전화했을 때, 전혀 모르는 사람이었지만 적극적으로 다른 교회들을 소개시켜주며 도와주었다고 했다. 우리는 처음 일주간 그리고 마지막 일주간을 그 교회의 친교실에서 자취하며 지낼 수 있었다.

그 다음주(10월 10일) 우리는 도쿄 위에 있는 사이타마켄(埼玉縣)의 사이타마(さいたま) 복음(福音) 키리스토(キリスト) 교회에서 일주일을 보내며 좀 더 가정적인 분위기를 느낄 수 있었다. 나와 비슷한 연배(年輩)의 목사님 가정으로, 아이들도 셋이었고 나이도 우리 아이들과 비슷했다. 그간 말이 안 통해 반벙어리 신세였던 나에게 순수한 아이들과의 만남은 그나마 답답했던 마음이 녹아지는 즐거운 시간이었다. 학교에서 돌아온 아이들은 나와 함께 동네를 돌며 전도지를 나누어주기도 했다. 지금까지도 이 가정과 친분을 유지하고 있는 것은 그때의 때묻지 않고 순수한 교제 때문이 아닌가 싶다.

다음(10월 17일)으로 우리가 간 곳은 사이타마에서 북쪽으로 약 88km 떨어져있는 이마이치(今市)라는 곳이었다. 바로 옆에 유명한 관광지 닛코(日光)시가 있었다. 이마이치(今市) 키리스토(キリスト)교회였는데, 젊은 부부가 목회를 하고 있던 교회였다. 역사도 오래되었고, 한국교회와도 왕래가 있는 교회였다. 주일 예배 후 오차카이(お茶會, 일본 전통차를 마시며 대화하는 모임)가 있었는데, 강사로 온 여자분이 차를 만들면서 우리가 그 자리에 있어서 그랬는지는 모르지만, 일본차(茶)는 한국으로부터 전해져 온 것이라며 부연(敷衍) 설명을 했다. 차 잎을 갈아 만든 녹색의 액체는 흔히 한국에서 먹는 차와는 전혀 다른 약간 비릿하면서도 쓴 약 같은 것이었다. 몸에 좋은 약은 입에 쓰다고 했는데, 일본에서의 3주간 가까운 나그네 생활에 피곤함(?)을 달래주길 바라며 꿀꺽 들이켰다.

다행히 그 주간(10월 21일)에 이마이치에서 그리 멀지 않은 우츠노미아(宇都宮)라는 곳을 들러 전도하게 되었다. 주로 동네를 돌며 집집마다 전도지를 전했는데, 그곳 요한(ヨハン) 우쯔노미아(宇都宮) 키리스토(キリスト)교회에서 젊은 한국인 여자 선교사가 학생들을 대상으로 열심히 전도하고 있었다. 전도 후, 그 한국인 선교사가 우츠노미아 교자(餃子, 만두, 우츠노미아 교자는 일본에서 유명함)를 사주어서 오랜만에 향수(鄕愁)를 달랠 수 있었다.

몇 일 후(10월 22일) 우리는 우츠노미아에서 동쪽으로 약 56km 떨어져있는 미토(水戶)라는 곳으로 이동했다. 미토는 도쿄 옆에 있는 이바라키켄(茨城縣)의 도청소재지로 일본의 특산물인 낫또(納豆, 콩을 쪄서 발효시킨 음식)로도 유명한 곳이다. 우리가 머물렀던 곳은 미토(水戶) 복음(福音) 키리스토(キ

リスト) 교회로 목사님 가정의 아이들이 넷이나 되어서 늘 시끌벅적했다. 그래도 아이들이 없는 교회보다 훨씬 정감이 있어 좋았다.

미토에서의 전도를 마치고 우리는 다시(10월 28일) 도쿄로 돌아왔다. 현재 우리가 살고 있는 세타가야구(世田谷區) 옆에 있는 스기나미구(杉並區)의 스기나미(杉並)교회였다. 당시에는 지리를 전혀 몰라 그저 이 선교사님을 따라 동네 안에 위치한 그 교회로 들어갔다. 교회 목사님은 음대를 나온 중년의 젠틀맨(gentleman)이셨다.

다음날 동네 전도를 하며 나의 입이 딱 벌어지는 일이 있었다. 교회 건너편 동네로 들어갔는데, 내 눈앞에 돔(dome, 반구형)의 거대한 건물이 눈에 들어온 것이다. 그것도 하나가 아니라 여러 개가... 도로 표지판에는 '대성당'(大聖堂)이라고 쓰여있었다. 그래서 나는 혹시나 가톨릭 성당이 아닌가 했다. 일본에도 이런 예배당이 있었나 하며, 건물 안으로 들어가 보았다. 무슨 실내 체육관처럼 가운데는 뻥 뚫려있었고, 밑에는 사람들로 가득 차있었다. 그런데 그 앞을 쳐다보니 바닥에서 천장에까지 닿을 정도로 큰 불상이 떡 하니 자리잡고 있는 것이 아닌가! 나는 마치 무슨 죄를 지은 사람처럼 조심해서 그곳을 빠져 나왔다. 그곳을 나오면서 '그럼, 그렇지. 일본에 이렇게 큰 예배당이 있다면 어떻게 선교지이겠는가...'라는 생각을 하면서, 일본을 붙잡고 있는 어두운 영의 세력이 이토록 강하다는 것을 실감하는 귀한 체험의 시간이었다.

우리는 마지막(11월 4일)으로 처음 머물렀던 키보(希望, 희망) 키리스토(キリスト, 그리스도) 교회로 돌아와 마지막 일정을 시작했다. 남은 전도지를 돌리기도 하고, 성도들과의 개인만남도 갖는 등, 좀 여유 있게 이번 전도여행을 정리하는 시간을 가지고 11일 무사히 한국으로 돌아왔다.

40일간의 일본전도여행을 뒤돌아보니, 결코 쉽지 않은 일이었다. 일본이라는 나라에 처음 와서 소위 말하는 문화 충격은 물론이요, 교회라는 특수한 영역을 중심으로 다녔음에도 한국과는 다른 영적인 분위기에 다시 한번 교회 문화의 충격을 받았다고나 할까… 역시 교회 안의 불이 너무 미약하거나 꺼져있기에 나라 전체를 덮고 있는 어두움을 물리치기에는 역부족이라는 느낌을 받았다. 그리고 무엇보다 영적인 어둠의 세력이 너무 강하다는 것을 몸으로 느낄 수 있었다. 가는 곳곳마다 진자(神社, 신사)와 절들, 그리고 길가의 우상들. 악령들이 진치고 살기에 너무 좋은 환경들. 곳곳마다 철저히 진자와 절로 일본인들의 마음과 영혼을 묶어 꼼짝하지 못하게 만들어놓은 사단의 기막힌 전략들…

가나안 땅을 40일간 정탐하고 돌아온 12명의 정탐꾼들이 생각났다. 갈렙과 여호수아, 두 사람을 제외하고는 모두 그 땅을 악평하며 그들은 기골이 장대하여 우리는 마치 메뚜기와 같다고 스스로 쪼그라드는 모습을 보였다. 어떻게 보면 인간적으로는 당연한 판단일지도 모른다. 그러나 전지전능하신 하나님께서 보여주신 능력이며 약속하신 말씀을 생각한다면 그들의 말은 불순종과 불신앙의 말 그 자체였다. 여기에 갈렙과 여호수아가 자신들의 옷을 찢으며 담대히 두려워하지 말라고 백성들 앞에서 선포한다. 하나님이 우리와 함께 하시니, 그들은 우리의 밥이라고. 10명의 정탐꾼들과는 정반대의 선언을 한 것이다. 바로 이 두 사람의 신앙고백이야말로 진짜 하나님을 믿는 사람으로서의 마땅한 고백이 아니었겠는가! 나는 이번 여행이 정탐여행이 아니라 전도여행이었음을 감사했다. 나의 근심과 걱정에 기인한 여행이 아니라, 믿음과 약속을 붙잡고 첫발을 내디딘 선교의 시작이었기 때문이었다. 나는 갈렙과 같이 외쳐보았다. "일본을 두려워하지 말라. 여호와 하나님께서 우리와 함께 하신다."

다만 여호와를 거역하지는 말라. 또 그 땅 백성을 두려워하지 말라. 그들은 우리의 먹이라. 그들의 보호자는 그들에게서 떠났고, 여호와는 우리와 함께 하시느니라. 그들을 두려워하지 말라.(민수기 14:9)

2003년 11월

"너 혼자 가라!"

홀로 일본 교회 방문을 위해 가는 비행기 안에서
구름 위로 비춰오는 태양빛을 찍어보았다.

일본 전도여행을 다녀온 후, 풀어야 할 숙제가 하나 남아
있었다. 그것은 우리가 소속된 선교회의 문제였다. 일본 여
행을 가기 전까지 만해도 최악의 상황으로 치닫고 있었다.
10월에 있을 선교대회 준비위원장의 자리에서 나는 이미 물
러나 있었다. 더 이상 함께 일을 할 수 있는 상황이 아니었
다. 그저 결과물로써 보여주는 선교대회라면 아무 의미가
없었기 때문이었다.

나는 그저 우리가 가야 할 선교의 길을 인도해달라고 주께 기도했다. 선교회의 대표 선교사님은 마음을 추스르고 일본에 들어갈 준비를 하라고 했다. 그러나 그때 주께서 나에게 주신 음성은 전혀 다른 것이었다.

"너 혼자 가라!"

아무리 선교회에서의 문제로 힘이 들었지만, 선교지에 혼자서 간다는 생각은 해보질 않았다. 국내에서는 일로 힘들었지만, 선교지 현장에서는 내 자신만 열심히 하면 될 거라는 생각이었다. 인간적으로도 선교회를 떠나 아무런 도움 없이 선교지로 들어간다는 것은 자칫 자살 행위처럼 보일 것이다. 그러나 주님은 나에게 홀로 들어갈 것을 명하셨다. 나는 받은 말씀대로 아내에게 전했다. 내 말을 들은 아내는 역시나 강하게 반대했다. 선교의 길을 떠나기로 했으면 당연히 선교회를 통해 가야 하는 것이 아니냐며 상당히 속상해했다. 선교회의 사람들과의 교제도 좋았고, 선교회에 소속되어있는 안정감도 좋았던 것 같았다.

그러나 나는 하나님께서 그렇게 말씀하신 걸 나보고 어떻게 하냐고 반문했다. 한번 밴쿠버에서 경험한 것이 있었기에 아내도 더 이상 반대하지는 못했다. 이제는 선교회에 정식으로 탈퇴하겠다는 의사를 전해야 했다. 아내와 함께 대표 선교사님을 찾아가 주님의 인도하심으로 선교회를 떠나 홀로 일본으로 가야겠다고 탈퇴의 뜻을 전했다. 자칫 선교회와의 문제로 틀어져 선교회를 떠난다고 보일 수도 있었으나 나는 전혀 아니었다. 선교사님은 뭐 얼마나 크게 하려고 그러느냐며 책망과 안타까움을 함께 전해왔다. 집으로 돌아오는 우리의 발걸음은 가벼우면서도 무거웠다.

이제부터는 생각지 못했던 문제들을 나 혼자 풀어나가야 했다. 그간은 선교회라는 단체가 회사처럼 모든 행정적인 문제를 알아서 해주었지만, 이제는 나 혼자였다. 당장 일본 어디로, 어떻게 가느냐부터가 큰 문제였다. 나는 기도하며 길을 찾기 시작했다. 어느 날 기독신문에 실린 일본복음선교회 광고를 보게 되었다. 일본에서 어느 목사님이 오셔서 강의를 한다는 내용이었다. 나는 직감적으로 이 모임에 참석해야겠다는 생각이 들었다.

모임은 2004년 1월 29일 서대문 쪽에서 열렸다. 강사로 오신 목사님은 히라노 고이치(平野耕一)란 분으로 도쿄 호라이즌 채플(Tokyo Horizon Chapel)을 담임하고 있었다. 20여년의 미국생활로 영어도 능통했으며, 적극적인 전도사역으로 지방에도 교회를 개척하는 등 왕성한 목회사역을 하고 있었다. 나는 감동과 도전을 받고 통역하신 목사님을 통해 히라노 목사님께 그 교회를 방문하고 싶다는 얘기를 드렸더니, 한번 오라고 초청해주셨다.

나는 2월중순 부푼 가슴을 앉고 도쿄 호라이즌 채플을 방문했다. 교회는 도쿄 시내에서 한 시간 정도 떨어져있는 마치다시(町田市)라는 곳에 위치해 있었다. 동네도 번화하며 아주 큰 곳이었다. 교회는 역에서 조금 떨어진 주택가 안에 자그마한 3층 건물 안에 있었다. 얼마 전 일본 전도여행으로 일본교회들을 방문한 경험이 있던 터라, 조금은 비교가 되었다. 다른 교회들에 비하면 훨씬 활기 있고 분위기가 좋은 곳이었다. 같이 예배도 드리고 교제도 하며 유익한 시간을 가질 수 있었다.

나는 2박3일의 시간을 보내고 돌아오는 날, 그 교회 목사님께 세가지를 요청했다. 첫 번째는 나를 선교사로 초청해줄 것. 두 번째는 내가 교회에 있는 성경학교에서 공부할 수 있도록 해줄 것. 세 번째는 우리 아이들이 교회에서 운영하는 학교(church school, 작은 그룹으로 자유롭게 영어와 일본어로 아이들을 가르치고 있었다)에서 공부할 수 있도록 배려해줄 것 등이었다. 나는 기쁘고도 확신에 찬 마음으로 한국 행 비행기에 올랐다.

나를 보내신 이가 나와 함께 하시도다. 나는 항상 그가 기뻐하시는 일을 행하므로 나를 혼자 두지 아니하셨느니라.(요한복음 8:29)

하나님께서 책임지시겠지...

선교 준비로 일본을 갔다 집에 돌아왔을 때
서프라이즈로 현관에 걸어둔 '아빠 사랑' 포스터. 둘째 남혁 작품

　　2003년 11월 하나님의 인도하심으로 만난 일본 도쿄 호라이즌 채플(Tokyo Horizon Chapel)로 인해 이제 일본으로 가는 길이 열리기 시작했다. 나는 이제 일본으로 떠날 날이 임박하였음을 느끼며 주변정리를 하기 시작했다. 우리는 그간 선교회에서 마련해준 강남 수서 선교관에서 생활에 왔었다. 자그마한 아파트였지만, 지리적으로 환경적으로 선교를 준

비하는데 불편함이 없었다. 2003년 6월 이 선교관으로 들어온 후, 나는 가까운 곳의 일본어 예배에 참석해야겠다는 생각이 들었었다. 근처의 교회들을 찾아보니, 비교적 가까운 곳에 일본어 예배가 있었다. 아주 가까운 곳은 아니었지만, 전철도 연결되고 주일 아침에는 교회 버스가 아파트 앞을 지나가 편하게 갈 수 있었다.

우리는 그렇게 반년 이상 일본어 예배에 참석했는데, 처음 일본어 예배부에 가니 서먹서먹하기가 이를 데 없었다. 우리가 일본어를 잘못하는 것도 있었지만, 내가 목사라는 신분 때문이었다. 우리는 일본선교에 부름 받아 준비하고 있고, 그 와중에 일본어 예배에 참석하게 되었다고 자신을 소개했다. 아무리 일본선교를 준비한다고 하지만 일반 성도들에게는 아무래도 목사인 내가 조금은 부담스러운 눈치였다. 그러나 우리는 그런 것을 개의치 않고 열심히 일본어 예배에 참석했다.

이제 떠날 마지막 준비를 하며 떠오른 것이 바로 교회였다. 내 자신이 성도로써 오래 다닌 교회는 아니지만, 그래도 일본선교를 준비하며 나름 열심히 다닌 교회였으니 결코 무관하지는 않았으리라. 나는 먼저 생각난 것이 교회 담임목사님께 인사를 드리고 싶었다. 개인적으로 알거나 교회 일을 한 것은 아니었지만, 교회 일본어 예배부에서 선교사로 떠나는 목사로써 한번 만나 뵈는 것이 도리일 것 같기도 했다.

며칠 후 나는 약속 시간에 담임 목사님 사무실로 갔다. 담당 비서가 지금 목사님 식사 중이시니 잠시 기다리라고 했다. 약속한 시간은 점심 시간 전이었는데, 좀 빨리 식사를 하시는 것 같았다. 나는 의자에 앉아 잠시 기다렸다. 그런데 사무실 안쪽에서 정말 요란한 소리가 들려왔다. 아마도 식사를 하는 소리 같은데, 숟가락으로 그릇을 긁는 소리가 정말 시끄러울 정도였다. 그런 소리는 처음 들어보는 것 같았다. 무엇보다 기분이 영 안 좋은 이상한 소리로 들렸다. 잠시 후 식사 그릇들이 나오고 담당 비서가 들어가 보라고 했다.

나는 담임 목사님께 내 소개를 간략하게 했다. 캐나다에서 공부 중 일본 선교에 부름을 받고 지금 한국에서 준비 중으로 곧 일본으로 나가게 될 것 같다는 내용이었다. 가져간 나의 이력서며 간증문이며 가족 사진들을 보여드렸다. 목사님은 이런저런 서류들을 유심히 보시며 왜 일본선교를 가게 되었느냐고 물으셨다. 나는 하나님께서 일본 선교의 사명을 주셨고, 개인적으로는 한국인으로서 일본 선교의 중요성에 대해 이야기했다. 특히 캐나다에서 마지막 수업 시, 담당교수였던 미들턴 (Middleton)교수의 말을 인용하며 지금 서양은 영적으로 펑크(puncture)가 난 상태라, 우리 한국의 영성(靈性) 있는 선교사들이 일본 선교에 중요한 일군이 되어야 한다는 취지의 말을 했다.

그랬더니 갑자기 목사님의 표정이 굳어지더니, "하나님께서 보내시니, 하나님께서 책임지시겠지."라며 보여드린 서류들을 내 쪽으로 밀어냈다. 나는 딱히 무슨 재정적 지원을 바라고 그 교회에 간 것도 아니요, 또 절박한 부탁을 하려고 목사님을 만난 것도 아니었다. 그러나 그날 그 목사님과의 만남은 내가 그 교회를 다닌 것이 결국 선교의 재정적 지원을 받으려 했다는 저의(底意)와 더불어 그 저의가 묵살되었다고 보여졌을지도 모른다.

사실 그 목사님은 어려운 환경에서도 열심히 공부하여 미국 유학을 갔고 20년 넘게 미국 신학대학에서 교수로 봉직한 소위, 미국통(美國通) 목사님이었다. 그러니 그런 목사님 앞에서 서양의 영성이 펑크 났다는 말은 어떻게 보면 그분에게는 무례한 언사(言辭)이었을지도 모르겠다. 그러나 나는 선교를 강조하고 선교를 하고 있는 교회이니, 선교에 대해 한번 얘기라도 해보고 싶었을 뿐이었다. 다만 선교의 뜨거움으로 성령께서 말씀하시는 대로 따라갔을 뿐이었다. 진정 내가 어떤 도움 만을 바랬다면 그런 말을 서슴없이 할 수 있었겠는가?

나는 지금도 분명히 말할 수 있다. 유럽을 비롯한 서양의 교회와 신앙은 영적으로 구멍이 나 남은 것이 별로 없다고. 영국을 비롯한 유럽과, 영국에서 건너간 청교도의 나라, 미국 선교사들로부터 한국이 사랑의 빚을 많이 졌지만, 한국 교회가 진정 부흥 발전한 것은 오히려 일제(日帝)의 침략 앞에 죽기 살기로 간절히 무릎 꿇어 기도한 우리 믿음의 선조들의 신앙 때문이었다.

그 목사님의 방을 나오는 나의 마음과 발걸음은 오히려 가벼웠다. 성령께서 만남 전에 느끼게 하신 것이며, 대화 중에도 담대히 내 할 말을 전할 수 있었던 것이며, 오히려 도움을 받기보다 받지 못했기에 더 떳떳이 나의 길을 갈 수 있었지 않았나 싶다. 내가 사람을 기쁘게 하고 비위를 맞추려 했다면 주님은 벌써 나를 버리셨을 것이기 때문이다.

우리가 2004년 4월 일본으로 들어가기 전, 내가 목회했던 교회의 성도 두 가정이 그 교회로 옮겨갔다. 아마도 큰 교회로 신앙의 터전을 옮긴 듯 싶었다. 그리고 그 두 가정은 우리가 일본으로 들어갈 때부터 약 5년간 여러 가지로 힘든 시기에 우리의 큰 후원자로 그 역할을 톡톡히 해주었다. 나는 그날 그 목사님께 도움을 청하지도, 또 도움을 받지도 못했지만, 하나님께서는 '하나님께서 책임지시겠지' 라는 말 그대로 우리의 선교를 책임져 주셨다. 그리고 보너스로 우리가 일본에 들어온 지 3년이 지난 2007년부터 2011년까지 5년간, 그 교회의 해외선교위원회로부터 매달 미화(美貨) 100달러씩도 지원 받게 해 주셨다.

나의 하나님이 그리스도 예수 안에서 영광 가운데 그 풍성한 대로 너희 모든 쓸 것을 채우시리라.(빌립보서 4:19)

"내가 천만 원을 채워주리라!"

요요기(代々木)공원 한복판에 자리잡고 있는 메이지진구(明治神宮)의 입구
진자(神社)의 상징인 토리이(鳥居)

　　2004년 3월 나는 선교사 비자를 신청하기 위해 도쿄 호라
이즌 채플(Tokyo Horizon Chapel)을 다시 찾았다. 일본에 선교
사로 들어가기 위해선 종교비자를 받아야 하는데, 그러기
위해선 일본에 있는 종교단체로부터 초청을 받아야만 했다.
종교단체라 함은 일정 크기의 부동산과 건물을 소유한 종교
법인(宗敎法人)을 의미한다. 일본 종교법인의 주류는 단연 일
본의 전통 종교인 '신도' (神道)라 할 수 있다. 동네마다 없는

곳이 없는 8만개의 '진자' (神社, 신사)를 거점으로 일본 전역을 장악하고 있는 거미줄 같은 존재이다.

신도는 예부터 일본의 전통종교이긴 했으나, 에도시대(江戶, 1603년~1868년) 외세의 침략을 막기 위해 전략적으로 이용되면서 그 뿌리가 더욱 견고해 졌다. 예를 들어, 아이가 출생하면 출생신고를 진자(神社)에 하도록 했다. 아이를 신께 바치며 축복을 기원하도록 했으니 자연스럽게 종교를 이용한 세뇌(洗腦)가 가능했던 것이다. 또 백제로부터 전래돼 뿌리내린 불교를 이용하여 장례를 담당케 했다. 모든 장례는 불교식으로 치르도록 했으며, 그 무덤은 절 옆에 공동묘지를 만들어 매장토록 했다. 인생의 처음과 끝을 종교의 끈으로 묶어 태어날 때만이 아니라 죽어서도 일본의 영을 떠나지 못하도록 철저히 봉쇄해놓은 그들의 간교(奸巧)함이 소름끼칠 정도다.

300년을 공들여 세뇌시킨 종교의 힘은 지금도 일본을 태양신의 나라로 여기며, 그 태양신의 아들인 '텐노' (天皇, 천황)가 다스리고 있는 나라로 만들어 버렸다. 지금도 매년 정초(正初)가 되면 일본인들은 '진자' 를 찾아가 새해의 복을 기원한다. 그리고 사람이 죽으면 반드시 절의 승려(僧侶)들을 불러 장례식을 치른다. 그래서 일본에선 장례식장에서 염불소리와 목탁소리가 안 들리면 장례식이 아닌 것이다. 또 집집마다 죽은 부모나 가족을 기리는 '부쯔단' (佛壇, 불단)이라는 것이 있어서 개 목거리처럼 그들의 목을 꽉 조이고 있다. 이 '부쯔단'은 한국의 김치 냉장고처럼 없는 집이 없을 정도인데, 캐비닛(cabinet)처럼 생긴 것이 적게는 수십만 엔에서 비싼 것은 수백만 엔을 호가하는 노른자 비즈니스(business)이다.

국가의 전략적 시스템으로 이용되어온 '신도'의 본부는 현재 도쿄 시내인 시부야(澁谷)의 요요기(代々木)공원 끝자락에 있으나, 사실 그보다 더 중요한 곳은 요요기 공원 한복판에 자리잡고 있는 메이지(明治) 진구(神宮, 신을 모시는 사당)라는 곳이다. 이곳은 메이지유신(明治維新)으로 유명한 메이지 텐노(明治天皇)를 신(神)으로 모시는 곳이다. 그러니 일본에서 '신도'와 '진자'가 차지하고 있는 존재감은 일본 그 자체인 것이다.

나는 동네 속에 숨겨져 있는 듯이 잘 보이지도 않는 교회로 발걸음을 옮겼다. 나를 선교사로 초청해준 도쿄 호라이즌 채플에는 이미 한국인 선교사가 한 명 있었다. 한국에서 목회하다 일본으로 건너온 한국인 목사님 가정이었다. 나보다 연배도 훨씬 많았고 일본에 온지도 벌써 7년이나 됐다고 했다. 일본에 대해 아는 것이 없었던 나에게는 그나마 그 한국인 목사님이 도움이 되었다.

그 한국인 목사님이 나의 비자 신청도 도와주었는데, 나의 가족이 아들 셋에 다섯 식구라는 것을 알고는 좀 걱정스럽다는 듯이, "이 목사님, 일본에서 다섯 식구가 처음 와서 정착하려면 한 천만 원은 들 거예요"라는 것이다. 나는 이 말을 들으며 그러냐고 그냥 미소를 지을 수 밖에 없었다. 당시 내 은행 구좌에는 천만 원은커녕 백만 원도 큰 돈이었으니 말이다.

나는 서울로 돌아오는 비행기 속에서도 그 목사님의 말이 머리를 떠나지 않았다. 분명 그 목사님은 오랜 일본 생활에서 경험한 바를 나에게 조언해 주었을 것이다. 그럼에도 나의 머리는 복잡해지기 시작했다. 아무리 돈 계산을 한들 수중에 돈이 없으면 아무 소용이 없는 일이었다. 진짜 일본은 사단의 지혜와 힘으로 똘똘 뭉쳐있는 나라라는 생각이 더욱 실감나게 느껴졌다. 선교사 비자를 내어주는 친절한 나라임에도 서양의 선교사 조차 비싼 물가로 절절 매게 하는 곳이 '신도'의 나라 일본이기 때문이다.

내가 비행기 안에서 이런저런 생각을 하고 있을 때, 다시 하나님의 음성이 들려왔다. "너는 왜 걱정하고 있느냐? 내가 천만 원을 채워주마!"라고 하시는 것이었다. 나는 잠시나마 다시 연약해진 나의 믿음을 돌아보며, 주님께 모든 것을 맡기기로 다시 한번 다짐했다. 비행기 창 너머로 구름 위의 태양 빛이 더욱 찬란하게 보였다.

나의 하나님이 그리스도 예수 안에서 영광 가운데 그 풍성한 대로 너희 모든 쓸 것을 채우시리라. (빌립보서 4:19)

메그미상

메그미상 집에서. 아내, 메그미상, 남편 노다(野田)상 (왼쪽부터)

　우리가 일본어 예배부에 나가면서 얻은 유익이 있다면, 먼저는 일본어 설교를 들으며 일본 문화에 가까이 갈 수 있었다는 것과 또 하나는 숨겨진 하나님의 사람을 만날 수 있었다는 것이었다. 주 예수 그리스도를 믿고 교회에 나오면 다 하나님의 사람이지 않은가? 라고도 생각되지만, 진짜 하나님의 사람은 그리 많지 않은 것 같다. 알곡과 가라지는 마지막 심판 때 주님께서 가려주실 것이지만, 적어도 이 세상에서 누가 하나님의 사람으로 인정받고 쓰임 받고 있는 지는 같은 성령을 따라 순종하는 자에게는 보여지게 된다.

2003년 여름 오산에서 하나님의 사람 이영호 선교사님을 만난 후, 일본어 예배를 나오면서 좀 특이한 사람을 만나게 되었다. 메그미상(さん, '상'은 이름 뒤에 붙이는 존칭어)이라는 분이었다. '메그미'(惠)라는 이름이 일본어로 '은혜'라는 것은 알고 있었는데, 좀 독특하다 싶었다. 역시나 그분은 남편이 일본 사람으로 일본에서 살다가 일로 잠시 한국에 나와 있다고 했다. 말하는 것이나 인상이 다른 사람과 좀 달랐다. 시선이 분명하고 인상이 맑고 청명(清明)했다. 원래 메그미상은 어릴 적부터 아버지의 영향인지 철저히 예수 믿는 사람들을 미워했다고 했다. 집안에서도 예수 믿는 사람하고는 상종도 안 할 정도로 지독한 안티(anti) 예수쟁이였다. 그런데 어느 날 자신도 모르게 발을 들여 논 교회당에서 주님의 강력한 말씀 앞에 그만 무릎을 꿇고 말았다. 마치 사울이 다메섹으로 가던 중 주님의 빛에 쓰러졌듯이 말이다. 그날부터 메그미상은 완전히 딴 사람이 되어, 말 그대로 예수의 사람으로 바뀌어졌다.

늦게 예수님을 만나고 신앙을 갖게 되었지만, 그 순수하고 바른 마음에 하나님께서는 놀라운 성령의 은사들을 부어주셨다. 일본에서 남편 노다(野田)상을 만나 결혼하기까지의 이야기며, 외동딸 '미리'를 낳을 때, 아이가 너무 작아 고생하며 기적적으로 낳던 이야기며, 이런 저런 간증들이 많았다. 일본에서도 순복음교회를 나가며 뜨거운 신앙생활을 했다고 했다. 남편 노다상도 순수한 크리스천으로 일본인 치고는 뜨거운 신앙을 가지고 있었다. 몇 개월을 일본어 예배부에서 같이 예배도 드리고 교제도 하면서 우리는 서로 가까워졌다. 그분도 내가 비록 목사였지만, 단순히 거리감을 갖는 것이 아니라 순수하게 나의 신앙과 간증도 잘 들어주었다.

2004년이 되어 우리가 떠날 날이 가까워졌을 때, 메그미상은 좀 더 깊이 교제하자고 자신의 집으로 우리를 초청했다. 그분은 성령님에 대해 더 말하고 또 나누고 싶어했다. 일본어 예배부는 남편이 일본인이요, 자신들이 일본에서 왔기 때문에 도움을 요청 받아 나가게 됐지만, 신앙에서는 많이 갈증을 느낀다고 했다. 그러다 나를 만나 얘기가 통하니 너무 좋다며 신나 했다. 나도 물 없는 광야에서 오아시스(oasis)를 만난 듯 기쁜 마음으로 교제를 즐겼다.

메그미상은 자신이 성령의 은사를 받고 예언이며 신유며 많은 경험을 했고, 심지어는 영으로 천국도 가보았다고 했다. 전부터 천국 간증을 여러 번 듣고 본적이 있기에 이상하기 보다는 관심이 더 끌렸다. 주께서 사랑하는 딸에게 많은 선물을 주셨다는 느낌이 들었다. 마치 사랑하는 외동딸에게 더 많은 선물을 주고 싶어 하는 아빠처럼 말이다. 메그미상은 나에게도 무슨 은사를 받았냐고 물었다. 나는 처음 받은 방언의 은사와 더불어 지혜와 지식의 말씀을 받은 것 같다고 했더니, 그럼 우리 같이 기도하자고 했다.

먼저 메그미상이 나를 위해 기도해주었다. 예언의 기도였다. 그때 주신 말씀이 바로 시편 108편의 말씀이었다.

하나님이 그의 성소에서 말씀하시되 "내가 기뻐하리라. 내가 세겜을 나누며 숙곳 골짜기를 측량하리라. 길르앗이 내 것이요, 므낫세도 내 것이며, 에브라임은 내 머리의 투구요, 유다는 나의 규이며, 모압은 내 목욕통이라. 에돔에는 내 신발을 벗어 던질지며, 블레셋 위에서 내가 외치리라." 하셨도다.

누가 나를 이끌어 견고한 성읍으로 인도해 들이며, 누가 나를 에돔으로 인도할꼬. 하나님이여 주께서 우리를 버리지 아니하셨나이까? 하나님이여 주께서 우리의 군대들과 함께 나아가지 아니하시나이다. 우리를 도와 대적을 치게 하소서. 사람의 구원은 헛됨이니이다. 우리가 하나님을 의지하고 용감히 행하리니, 그는 우리의 대적들을 밟으실 자이심이로다.
시편 108편 7~13절

이 말씀을 들으며 마치 가나안 땅을 40일간 정탐하고 돌아온 갈렙과 여호수아가 이스라엘 백성 앞에서 외치던 음성이 들리는 듯했다. 나는 너무 감사했다. 나에게 말씀하시던 하나님의 음성을 또 다른 사람을 통해 들을 수 있었던 것은 큰 기쁨이요, 격려가 되었다.

메그미상의 기도가 끝난 후, 내가 기도하기 시작하자 내 입에서도 예언의 말씀이 나오기 시작했다. 나오는 소리는 나의 목소리인데, 내용은 주의 말씀 그대로였다. 신기하고도 놀라웠다. 이렇게 쉽게 예언을 하게 되다니... 방언을 받을 때도 그랬는데... 주께서 때가 되니 성령의 은사로 더욱 강하게 무장시켜주셨던 것 같았다. 마치 주의 제자 아나니아를 보내어 사울을 새롭고 강하게 하였듯이...

> 아나니아가 떠나 그 집에 들어가서 그에게 안수하여 이르되 "형제 사울아! 주 곧 네가 오는 길에서 나타나셨던 예수께서 나를 보내어 너로 다시 보게 하시고 성령으로 충만하게 하신다." 하니...(사도행전 9:17)

2004년 3월
높여주시는 하나님

일본 기모노 협회가 가져 온 쥬니히토에(十二單)라는 왕후의 옷을 입고
피로연을 하고 있는 아내 미정

일본 전도여행을 다녀와 선교회와의 관계를 정리한 후였다. 우연히 내가 소속되어있던 한국독립교회·선교단체연합회(KAICAM, Korean Association of Independent Churches and Missions)의 사무실에 들리게 되었다. 그곳에서 아주 중요한 소식을 듣게 되었는데, 11월말에 선교사 파송식이 있다는 것이었다. 나는 그 자리에서 신청하여, 11월 24일 무사히 KAICAM으로부터 선교사 파송을 받을 수 있었다. 나중에 비

자수속을 하면서 안일이지만, 한 단체로부터 공식적으로 선교사 파송을 받는 것이 상당히 중요했다. 지금도 일본에서 선교사 비자를 연장할 때 마다 제출하는 서류가 있는데, 바로 파송단체가 발급하는 확인서이다. 만약 그때를 놓치고 선교사 파송을 받지 못했다면 여러 가지로 어려워졌을 거라는 생각이 스쳐간다.

돌이켜보면, 지난 1998년에도 KAICAM에서 목사 안수를 받았었다. 사정이 있어 기존 교단을 떠나 홀로 목회를 하고 있을 때였다. 그때도 주님은 피할 길을 열어 주셨고, 그것도 1회로 안수를 받는 영광을 주셨다. 그런데 이번에도 제1회로 선교사 파송을 받게 되었으니, 더블(double, 두 배의) 영광이 아닐 수 없었다. 나는 하나님의 세심한 배려와 계획하심에 머리 숙여 감사드릴뿐이었다.

그러나 하나님께서는 이보다 더 놀랍고 멋진 일을 계획하고 계셨다. 우리가 일본으로 떠나기 바로 얼마 전인, 2004년 3월 23일 우리가 일본어 예배에 참석하고 있던 교회에서 일본 전통의상인 기모노(着物, 입는 물건이라는 뜻)를 소개하는 모임이 있었다. 그 교회에는 일본어예배부가 있어서 일본의 아는 분들과 연결이 되어 이런 자리가 열릴 수 있었던 것이다.

일본 중부 이시카와켄(石川縣)의 가네자와시(金澤市)라는 곳에 비햐쿠류 · 가가햐쿠만고쿠 · 햐쿠비카이(百美流 加賀百万

石 百美會)라는 일본 기노모 문화협회가 있다. 이 협회는 가네 자와시를 중심으로 매년 기모노 발표회를 갖고 있는데, 작년까지 13번의 발표회를 가졌다고 한다.

가네자와시(金澤市)는 일본 에도(江戶)시대(1603년 ~ 1868년, 265년간)에 에도(지금의 도쿄)를 제외하고, 전국에서 제일 큰 다이묘(大名, 봉건영주=封建領主)의 지역이었다. 앞서 나왔던 '가가 햐쿠만고쿠'(加賀 百万石) 중 '가가'(加賀)는 봉건영주 가가항(加賀藩)을 의미하고, '햐쿠만고쿠'(百万石)의 '고쿠' [石(석): 곡식이나 액체의 용량의 단위를 나타내는 말. 한 석은 열 말. (예)공양미 삼백석]는 성인 한 사람이 일년 간 소비하는 쌀의 양을 나타내는 단위이다. 따라서 '햐쿠만고쿠'(百万石)라는 것은 백만 명이 일년간 소비할 수 있는 쌀을 생산해 내는 지역이라는 뜻이다. 400년전 100만명을 먹여 살릴 수 있다는 것은 그만큼 큰 힘을 가지고 있었다는 것을 의미한다. 바로 이 '가가햐쿠만고쿠'(加賀百万石)가 지금의 이시카와켄(石川縣)의 가네자와시(金澤市)가 된 것이다.

가네자와시(金澤市)는 이차세계대전 당시에도 미군의 폭격을 받지 않아 전통문화가 잘 보전되어있다. 그런 이유로 전후 (戰後) 미국과의 교류에 있어서 가네자와시(金澤市)는 전통문화의 도시로 뽑혀 왕래가 잦았다. 따라서 전통 의복인 기모노(着物)가 이 도시에서 활발히 활동하는 것도 당연한 것이다. 바로 이런 배경을 가지고 있는 '햐쿠비카이'(百美會)라는 가네자와시(金澤市) 기노모 협회가 단체로 기모노를 들고 한국을 방문했던 것이었다.

　교회 본당에서 일본어 예배 후 기모노 패션쇼가 열렸었는데, 모델은 주로 일본어 예배부의 회원들이 담당했다. 형형색색의 현대화된 기모노를 입고 십 수명의 여성회원들이 한복이 아닌 기모노의 자태를 뽐내었다. 그러나 이 패션쇼의 하이라이트는 마지막 왕비의 등장이었다. 우리가 흔히 알고 있는 기모노는 간단한 모양의 옷이나, 왕비가 입는 옷은 '쥬니히토에'(十二單)라는 특이한 옷이었다. 나도 그날 처음 보는 옷이었다. '쥬니히토에'는 헤이안(平安)시대[794년~1185년, 약390년간] 황족이나 귀족이 입었던 옷이라고 했다. 마치 한국의 사극에서 나오는 중전마마가 입는 옷이 조선왕실의 위엄을 상징하듯, 일본에서는 지금도 왕비나 왕세자비가 입는 전통예복이 바로 '쥬니히토에'였다.

　쥬니히토에(十二單)는 한자가 의미하듯이 쥬니(十二)는 열두 개를, 히토에(單)는 한국어로는 '홑 단'이란 말로 한 겹을 의미한다. 즉, 쥬니히토에(十二單)는 열두 겹의 옷을 의미하는 일본어이다. 바로 이 영광스러운 옷을 아내가 입게 되었는데, 아내가 뭘 알고 지원한 것은 아니었다. 앞서 얘기했던 메그미상이 이 옷을 입고 싶어했는데, 그날 일이 있어 못 입게 된 관계로 아내에게 이 옷을 입으라고 권했다. 일본으로 가는 선교사이니 왕후의 옷을 입고 가라고 적극 추천해주었던 것이다. 바로 하나님의 세밀한 손길이 아닐 수 없었다.

　아내는 예배당 가운데 서서 주위에서 일본인들이 입혀주는 형형색색(形形色色)의 열두 가지 옷을 입는 장관을 연출했다. 한 벌을 입는 것도 쉽지 않은데, 열두 벌의 옷을 입는다고 생각하면 먼저 숨이 막힐 지경이다. 열두 겹의 옷을 다 입고 나면 옷 무게만 20kg라고 하니 가히 보통 옷이 아닌 것이 틀림없다. 나중에 아내가 그 옷을 입고 걷기도 힘들었다고 해서 그 고충을 조금 알 수 있었다.

　기모노 협회의 사람들이 아내에게 열두 겹의 옷을 다 입힌 후에 그 주변에 무릎을 꿇고 왕비에게 올리는 예로 절을 하였다. 너무나 감격스런 순간이었다. 전혀 예상도 못했던 선물을 하나님께서 일본에 가기 전 아내에게 선물하신 것이었다. 하나님의 딸로 진정 우상의 노예가 되어있는 일본인들에게 큰 절을 받고 그 나라로 떠나게 하시는구나 하는 감격이 몰려왔다. 주님께선 이렇게 일본으로 보내시는 우리들을 위해 특별한 자리를 만들어주셨다.

　여호와께서 너를 머리가 되고 꼬리가 되지 않게 하시며 위에만 있고 아래에 있지 않게 하시리니...(신명기 28:13)

부활절 파송예배

4월 11일 부활절 오후, 전에 목회했던 교회에서 드려진 파송예배

3월 10일 일본에서 비자 신청을 하고 돌아온 나는 이제 이
륙할 비행기가 마지막 점검을 하듯이 하나하나 점검을 하기
시작했다. 그간 편하게 지내던 선교관도 선교회의 사정도
있었고, 우리도 일년 가까이 사용을 하였기에 떠날 때가 되
었다고 느껴졌었다. 선교관을 나온 우리는 평소 가까이 지
내던 집사님 댁에서 잠시 머물기로 했다.

3월 28일, 나는 주일예배를 드리고 집으로 돌아와 평소 하던 일본어 타이핑 연습을 하고 있었다. 일본어는 잘 몰랐지만, 당장 일본에 가면 일본어를 사용해야 할 터이니 우선 일본어 자판을 외우고자 연습 중이었다. 그런데 갑자기 일본에서 전화가 왔다는 것이다. 도쿄 호라이즌 채플의 한국인 선교사님이었다. 비자가 나왔다는 소식이었다. 나는 그 소식을 들으며 생각보다 빨리 나온 것에 놀라면서도, 한편으로는 "아니 왜 벌써 나왔지?" 라는 생각이 문득 들었다.

사실 마지막 점검 중 제일 중요한 것이 재정적인 문제였다. 그러나 아직 후원금이 제대로 들어오고 있지를 않았다. 그도 그럴 것이 어떤 교회나 성도에게도 우리가 선교를 가니 후원 좀 해달라는 말을 해본 적이 없었기 때문이기도 했다. 그러나 이미 캐나다 밴쿠버에서 하나님으로부터 재정훈련을 받은 터라 한번도 누구에게 인간적인 도움을 청하고 싶은 마음은 없었다.

앞서 말한 선교회의 경우만 해도 소위 말하는 훼이스 미션(faith mission)을 한다고 하지만, 책정된 후원금의 70%가 채워지지 않으면 파송을 하지 않는다고 했다. 현실적으로 생활이 되지 않기 때문이었다. 거기에 비하면 우리는 50%에도 차지 못하는 형편이었다. 당시 엔화환율이 100엔당 1,000원 정도에서 움직이고 있었다. 일본에서 매달 적어도 200만원은 있어야 했는데, 당시 월 후원금은 100만원에도 미치지 못했다. 그러니 상식적으로는 아직 파송을 받고 나갈 형편이 되지 못했던 것이다. 비자가 빨리 나왔다는 소식에도 크게 기뻐하지 못한 이유이기도 했다.

그러나 일본에서 한국으로 돌아올 때, 하나님께서 주셨던 약속의 말씀을 생각하면 더 이상 지체할 수 없는 일이었다. 이제는 최단 시간 내에 파송예배를 드리고 일본으로 들어가야겠다는 결심이 생겼다. 마침 내가 전에 목회하던 교회의 새 목사님께서 파송예배를 당연히 목회했던 교회에서 드려야 하지 않겠냐며 먼저 제안을 해왔다. 나는 감사한 마음으로 그 제안을 받아들이고 준비에 들어갔다. 날짜는 한 주 건너 4월 11일 부활주일 오후에 하기로 했고, 비행기표는 그 다음날인 4월 12일로 예약을 해버렸다.

파송예배의 설교는 아내가 결혼 전 다니던 교회의 김용훈 목사님이, 축사는 대학부 때 은사(恩師)이신 고무송 목사님이, 축도는 그간 다니던 일본어예배부 미와 노부오 목사님이 한국어와 일본어로 뜻 깊게 해주셨다. 교회의 성도들을 비롯하여 주위에서 진심으로 기도해주시는 분들이 모여 함께 뜨겁게 예배를 드렸다. 하나님의 명령을 따라 이제 떠나나 싶으니 놀랍기만 했다. 한국에서의 1년간이 꿈만 같기도 했다. 이제 우리가 살 곳으로 간다는 생각을 하니 미련 없이 빨리 가고픈 마음 만이 가득했다.

파송예배를 무사히 마치고 집으로 돌아왔는데, 마침 교회의 회계집사가 오늘 들어온 헌금을 정리하여 가져왔다. 나는 받아 든 헌금 봉투들을 하나 하나 읽어가며 감사했다. 큰 돈은 아니지만 한 사람 한 사람의 헌신과 헌금이 모여 우리가 선교의 길을 떠날 수 있다고 생각하니 놀랍고 감사할 뿐이었다.

그런데 더 놀라운 것은 우리가 떠나기 바로 전날까지 천만 원이 다 채워졌다는 것이다. 나는 하나님께 진정으로 감사, 감사, 감사 할 수 밖에 없었다. 주님의 약속대로 이루어주시니 감사, 나의 믿음을 더욱 강하게 해주시니 또 감사, 앞으로도 주님은 그렇게 신실하게 채워주실 것을 생각하니 또 감사!!

하늘과 땅의 모든 권세를 내게 주셨으니 그러므로 너희는 가서 모든 민족을 제자로 삼아 아버지와 아들과 성령의 이름으로 세례를 베풀고 내가 너희에게 분부한 모든 것을 가르쳐 지키게 하라. 볼지어다. 내가 세상 끝날까지 너희와 항상 함께 있으리라. (마태복음 28:18-20)

갈 바를 모르고

믿음으로 아브라함은
부르심을 받았을 때에 순종하여
장래의 유업으로 받을 땅에 나아갈새
갈 바를 알지 못하고 나아갔으며...
히브리서 11:8

2004년 4월

갈 바를 알지 못하고

일본에서 처음 살던 집. 1층 창문 두 개가 우리 집
그 앞 주차장엔 자동차 대신 막내의 자전거가 주차되어 있다. 당시엔 차가 없었다.

2004년 4월 12일 우리 다섯 식구는 캐나다 밴쿠버에 올 때 가져왔던 그대로 트렁크 두 개씩을 끌고 일본 나리타(成田)행 비행기에 몸을 실었다. 3년 전 캐나다로 떠날 때와는 전혀 다른 기분이었다. 어디로 간다는 것은 정해졌지만, 사실 그 이상은 아무 것도 정해진 것이 없었다. 심지어 비행기를 타던 그날 어디서 묵을지도 모르는 상태였다. 그저 12일 몇

시 비행기로 일본에 간다는 내용만 교회에 전한 상태였다.

우리는 두 시간 후 무사히 일본 나리타 공항에 도착하였다. 5년 전 밴쿠버를 방문할 때 비행기를 갈아타느라 잠시 들렀던 나리타 공항, 그러나 오늘은 이 공항을 통해 낯선 나라 일본으로 들어간다. 마치 처음으로 비행기에서 낙하산을 타고 뛰어내리는 기분이라고나 할까? 한도 끝도 없이 떨어질 것 같은 미지(未知)의 땅에 오직 믿음으로 첫발을 디뎠다.

다행히 공항에는 교회에서 일본인 형제가 한 분 나와주었다. 다섯 식구임을 감안해 짐을 많이 실을 수 있는 '노아' 라는 미니 밴(minivan)을 가지고 나왔다. '노아' 는 일본 도요타(Toyota) 자동차에서 만든 차로, 처음에는 그냥 일본어인줄만 알았는데 나중에 알고 보니 성경의 그 노아(Noah)와 영어스펠도 똑같았다. 일본에서 처음 타는 차가 '노아' 라니 재미있고도 세심한 주님의 손길에 웃음이 지어졌다.

우리는 한 시간 이상 고속도로를 달려 교회가 있는 마찌다(町田)시로 들어갔다. 우리가 도착한 곳은 교회가 아니라 어느 개인 집이었다. 알고 보니 교회에 나오는 한국인 가정이 하나 있었는데, 그 집에 부탁해서 우리를 머물게 한 것이었다. 우리는 말도 통하고 편한 한국 사람 집에서 첫 밤을 보낼 수 있었다.

우리는 그 집에서 한 주간을 머물며 앞으로 거할 집을 찾기 시작했다. 다행히 아무것도 모르는 우리를 위해 교회에서 부동산을 통해 집을 알아봐주었다. 우리가 머물던 집에서 그리 멀지 않은 곳에 2층짜리 연립주택 같은 곳을 소개받았다. 방이 두 개요, 거실과 부엌이 있는 자그마한 곳이었다. 그래도 일본에서 처음 얻은 집치고는 나쁘지 않았다. 집주인도 연로한 할아버지셨는데, 우리에게 친절하게 대해주셨다.

일본식 집에 처음 들어간 우리는 제일 먼저 싸늘함을 느꼈다. 한국과 달리 집안에 보일러 같은 시설이 없기 때문이었다. 섬나라 일본은 태평양을 맞바로 대하고 있어 습한 해양성 기후의 특성이 있다. 일본식 집에는 대체로 바닥에 다타미(たたみ)라는 것을 까는데, 다타미는 '이그사'(いぐさ, 골풀)라는 들풀을 엮어 만든 돗자리와 비슷한 것이다. 바로 이 다타미가 습한 공기를 순환시키고자 만들어낸 지혜의 산물이었다. 그것이 현대에 들어선 발전된 건축기술과 더불어 서양식 마루(flooring, 후로링그)나 한국의 온돌(床暖房, 유카단보) 문화의 영향을 받아 바뀌고 있긴 하다.

겉보기는 한국 집과 비슷하면서도 안으로 들어가보면 전혀 다른 것이 일본 집이다. 외형은 비슷해도 몸이 느끼는 공기가 전혀 다르기 때문이다. 살면서 느끼는 것이지만, 마치 한국 사람과 일본 사람의 외모는 비슷하지만, 그 속의 마음이나 정신상태는 전혀 다르다. 재미있게도 한국 사람은 한국의 온돌처럼 따스한 정이 있으나 일본 사람은 습기에 들러붙는 것을 싫어해서 그런지 건조하고 때론 차갑다. 역시 보이는 것보다 보이지 않는 것이 더 중요하다는 것을 일본 집에 살면서 더욱 피부로 느낄 수 있었다.

우리가 그 집으로 들어간 때가 대략 4월 말경이었는데, 추위에 떨리라고는 상상도 못했다. 도쿄는 위도(緯度)가 서울보다도 한참 밑인 부산과 비슷하다. 그러니 더우면 더웠지 춥다는 것이 이상할 정도였다. 한방에서 온 식구가 서울에서 가져간 작은 전기장판을 깔고 같이 붙어 잠을 잤다. 잠을 자면서도 머리 위 다타미로부터 찬 공기가 올라오는 것이 느껴졌다. 하나님께서 일본의 현실을 피부로 느껴보라고 하시는 것 같았다.

일본에 도착한지 불과 열흘... 그래도 많은 것을 느끼며 하루하루를 보냈다. 저녁 싸늘한 다타미 위에 몸을 뉘울때면 마치 군대 훈련소에 들어와 있는 듯한 기분이 들기도 했다. 하나님께서 우리를 위해 진짜 선교현지 적용훈련을 시작하셨다는 생각이 들었다.

믿음으로 아브라함은 부르심을 받았을 때에 순종하여 장래의 유업으로 받을 땅에 나아갈새 갈 바를 알지 못하고 나아갔으며...(히브리서 11:8)

살얼음을 밟고...

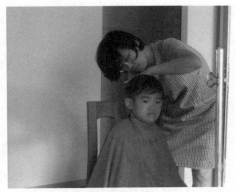

집에서 막내 남일이의 머리를 깎아주고 있는 아내 미정
일본 미용실에서 머리를 깎는데, 학생들 커트만도 3천엔 정도 한다.

　일본에서 집을 얻는 방법은 크게 두 가지인데, 집을 사든 지 아니면 월세로 들어가는 것이다. 일본에는 한국처럼 전세의 개념이 없다. 보증금을 내고 매월 사용료를 내는 아주 현실적인 방법을 택하고 있다. 그것은 은행 금리가 거의 없어 우리나라처럼 목돈을 은행에 넣어두고 이자를 받을 수 없는 환경적 요인도 있을 것이다.

우리도 집을 얻을 때 물론 월세로 집을 얻었는데, 월세가 8만엔 정도 했다. 당시 환율로 보면 한화로 대략 80~85만원 정도 했던 것 같다. 그런데 집을 얻을 때는 월세만이 아니라 보증금을 내야 하는데, 일본의 보증금이라는 개념이 한국과 또 달랐다. 정확히 말하면, 집을 얻을 때 보증금에 '레이킨'(禮金, 사례금)이라는 것이 추가된다. 집을 빌려주는 주인에게 감사하다는 예의로 주는 돈이다. 물론 선물의 개념으로 주는 것이니 보증금처럼 돌려받을 수 있는 돈도 아니다. 보증금과 레이킨은 보통 월세의 두 달 분씩을 내게 된다. 따라서 집을 얻을 때 드는 돈은 [보증금(두 달치 월세)+레이킨(두 달치 월세)+그 달치 월세=다섯 달치 월세가 된다. 우리의 경우 한달 월세가 8만엔이었으니, 대략 40만엔 정도가 필요한데 주인 할아버지가 싸게 해주어서 보증금과 레이킨을 한 달치씩만 내고 들어갈 수 있었다.

처음 집을 얻고 자리를 잡는 데는 파송예배 때 헌금으로 들어온 천만 원 덕분에 어느 정도 해결해 나갈 수가 있었다. 그러나 일본에서의 생활비는 한국보다 훨씬 비싸게 느껴졌다. 그도 그럴 것이 식료품 류는 싸게 파는데도 있어 괜찮았지만, 전기, 가스, 수도 같은 공공요금은 최소한 두 배에서 서너 배는 더 비싼 것 같았다. 당시 매 월말 200만원을 송금받았는데, 당시 환율로 18만~19만엔 사이를 왔다 갔다 했다. 그 중 반 정도는 월세와 공공요금으로 나갔고, 나머지 반의 4분의 1은 헌금으로, 4분의 3은 생활비로 썼다. 쓸 수 있는 돈이 정해져 있다 보니 제일 만만한 식료품 비를 줄여야 했다. 슈퍼를 가도 주로 100엔(약 천원)대에서 물건을 골랐다. 벌써 2~300엔이 넘어가면 살 엄두가 나질 않았다.

빡빡한 예산 안에서 비싼 세금들이 목을 조이기도 했지만, 무엇보다 한국에서의 송금이 제대로 올 수 있을까? 가 제일 염려되는 부분이었다. 하늘의 나는 새를 먹이시고 들에 핀 백합화를 입히시는 하나님께서 선교사로 보낸 자녀를 그냥 놔두실 리가 없다는 것을 알고 있었지만, 당장 비어있는 통장을 보면 조바심이 나는 것이 사실이었다. 그래서 더욱 돈을 쓰는데도 정신적인 압박을 받았던 것 같다. 앞에서도 언급했지만, 한국을 떠날 때 작정된 후원금은 한 달에 백만 원에도 채 미치지 못했다. 그러니 구멍 난 물독의 물이 새어나가듯, 금방 바닥을 들어낼 것 같은 막연한 두려움이 들었다.

그런데 한 달이 가고, 두 달이 가고, 다시 세 달이 가도 깨질 것 같은 살얼음은 깨지지 않았다. 이게 언제 깨질 것인가? 라는 불안함이 차츰 씩 사라지기 시작했다. 통장에 돈이 모자랐는데도, 희한하게 월말이 되면 문제없이 송금이 들어왔다. 어떻게 보면 희한하다는 말이 주님 앞에서는 불신앙의 실례되는 말이나, 그 희한한 감정이 당연한 감정으로 바뀌는 데는 일년 정도의 시간이 걸렸던 것 같다. 한 달, 한 달이 지나가면서 믿음의 날개가 받는 힘은 더욱 빠르고 강해졌다.

아내와 나는 새벽마다 거실에서 같이 기도를 했다. 우리는 거실 창 너머로 비춰오는 달빛을 바라보며 주님의 살아계심과 역사하심을 좀 더 실감나게 구체적으로 느끼기 시작했다. 그 감도(感度)는 캐나다나, 한국에 있었을 때하고는 차원이 달랐던 것 같다. 그 동안도 하나님께서 이런저런 일들을 통해 훈련을 시키셨지만, 영적 전쟁터인 일본에 떨어지고 보니, 한국에서 겪었던 일들은 너무 편한 고민이었다는 것을 깨닫게 되었다.

한번은 새벽기도 중 주님께서 이런 말씀을 하셨다. "너는 마치 비행기가 활주로를 달려 하늘로 이륙하듯이 그렇게 날아갈 것이다"라는 말씀을 주셨다. 가만 생각해보니, 활주로에 서있는 비행기가 이륙을 위해 전속력으로 달리기 시작하면 엄청난 굉음(轟音)과 더불어 비행기가 부서질 듯이 요동하게 된다. 그러나 잠시 후 비행기의 바퀴가 땅을 뜨는 순간부터는 소음도 흔들림도 아주 작아진다는 것을 느끼게 된다. 그렇구나! 지금 이렇게 힘든 시간을 보내고 있는 것은 믿음으로 더 빨리 더 멀리 날아가기 위한 준비과정이라는 것을 깨닫게 되었다.

우리가 사방으로 우겨쌈을 당하여도 싸이지 아니하며 답답한 일을 당하여도 낙심하지 아니하며...(고린도후서 4:8)

하나님의 접속

집의 유일한 컴퓨터였던 노트북 앞에 모여있는 삼형제
왼쪽부터 둘째 남혁, 첫째 남호, 막내 남일

2004년 4월에 일본에 도착하여 처음 3개월이 지나간 10년
의 시간 중 제일 힘들었던 시간이 아니었나 싶다. 앞서 말한
대로 재정적으로도, 말이 잘 안 통하니 정신적으로도, 또 어
둠의 세력이 센 곳이라 영적으로도 점점 피곤하고 지쳐가는
것을 느꼈다.

80년대 군에 입대하여 기본군사훈련 3개월을 마치고 2박3

일간의 행군을 한적이 있었다. 수십 kg의 장비와 총을 들고 하루 수십 km씩 걷는 일은 그리 쉬운 일이 아니었다. 정말 입술이 타 들어가고 심장이 터질 것 같은 고통이 밀려왔다. 그래도 그간 받아온 훈련의 양이 있었기에 몸은 힘들어도 버텨낼 수 있었다.

하나님께서 우리의 형편을 너무 잘 알고 계시기에 우리에게 합당한 시련과 훈련을 허락하셨음은 너무나 당연한 일이었다. 하루 종일 행군을 마치고 나면 휴식과 풍성한 음식이 주어지듯이 주님은 처음 삼 개월이 지나가는 7월쯤 생수의 샘물을 준비해주셨다. 선교사가 선교지에서 영적 공급을 받는 방법은 소속된 선교회나 기타 선교사들과의 모임을 통해 얻는 것이 제일 쉽고도 일반적이라고 본다. 그러나 역시 근본적 문제는 본인과 하나님과의 관계에 달려있다.

나는 개인적으로 아내와 함께 기도하며, 외부와의 유일한 연결망인 인터넷을 통해 은혜의 물줄기를 찾고 있었다. 그때 연결된 것이 미국을 중심으로 전세계 부흥의 불길을 전하고 있던 베니힌(Benny Hinn) 목사의 사역이었다. 한국에도 책을 통해 베니힌 목사님이 많이 알려진 것으로 알고 있다. 내가 한국에 있었을 때, 베스트셀러인 '안녕하세요 성령님' (Good Morning, Holy Spirit)에 대해 들어는 보았으나 읽어보지는 못했다. 한국어 초판이 1991년에 나왔으니 사실 꽤 오래 전에 나온 책임에도 읽을 기회가 없었다. 그런데 재미있게도 내가 일본으로 오기 직전에 이 책을 우연히 읽게 되었다. 그게 끈이 되었는지 인터넷에서 그분의 사역을 보게 되었는데, 홈페이지에서 방영되는 'This is your day' (오늘이 바로 당신의 날입니다)란 프로는 전세계에서 일어나고 있는 성령의 현장을 생생하게 보여주었다.

영적으로 갈증과 피곤을 느끼고 있던 내게는 반석에서 나오는 물을 마시는 기분이었다. 전파를 타고 들어오는 성령의 역사하심이 그대로 내 심령 속에 전하여지는 것 같았다. 그간 참석해본 어떤 집회보다도 더 생생한 성령님의 역사하심을 몸으로 느낄 수 있었다. 비록 노트북의 작은 화면에서 나오는 보잘것없는 것이었지만, 그 인터넷 선을 타고 성령께서는 동일하게 나에게도 역사하셨다. 마음을 활짝 열어 성령의 생수를 들이키고 있는 나의 몸에 전율이 느껴지며 다시 한번 번개가 나의 몸을 통과하는듯한 경험을 하게 되었다. 캐나다 밴쿠버에서는 뭣 모르고 맞은 번개였다면, 일본에서는 간절함과 시원함 속에서 기쁨으로 맞은 번개였다.

하나님께서 접속시켜주신 성령의 현장으로부터 나는 매일 성령의 생수와 양식을 공급받으며, 그간 피곤하고 지쳤던 심령이 다시 살아나기 시작했다. 실로 광야의 생수와 만나가 아닐 수 없었다. 그런데 하나님께서는 광야의 생수와 만나를 나만 먹게 하신 것이 아니라 갈급해있는 다른 심령에게도 전하도록 역사하셨다. 내가 한국에서 목회할 때 주연이네 라는 한 가정이 있었다. 주연이는 그 가정의 맏딸이었는데 나이도 큰아이 남호랑 비슷해 어릴 때부터 친구처럼 지내왔다. 그러다 보니 엄마들도 서로 친해졌고 왕래도 잦았다. 그러다 우리가 캐나다로 가게 되면서 오히려 거리는 더 멀어지는 듯했다. 캐나다에 있었던 2년간 몇 통의 이메일(e-mail)이 왕래의 전부였다. 그나마 한국에 돌아와 다시 교제를 가지며 좀 더 신앙적인 관계가 돈독해졌던 것 같다. 2004년 3월, 우리가 선교관을 나와야 했을 때 우리를 자신의 집에 머물게 했던 것이 바로 이 가정이었다. 일본으로 들어가기까지 약 5주간 정도를 머물며 사랑의 교제를 나눌 수 있었다. 그러나 일본으로 떠나면서 특별히 어떤 관계로 발전하리라고는 전혀 생각하지 못했다.

그런데 그 해 여름 성령의 생수와 말씀으로 잔치를 하고 있던 나의 노트북 윈도우 메신저(messenger)에 '유덕순'이라는 이름이 떴다. 바로 주연이 엄마였다. 일본에 와서 처음으로 채팅을 하게 된 사람이 유덕순집사가 되리라고는 생각도 못했다. 더 열심히 연락할 법한 사람들이 여럿 있었기 때문이었다. 그런데 왜? 라는 생각이 들기도 전에 유집사는 갓난아이가 엄마 젖을 빨아먹듯이 생수의 말씀을 있는 그대로 받아 마셨다.

놀라웠다. 내가 현재 교회의 담임목사도 아니요, 그렇다고 가까이서 대화를 하는 것도 아니었다. 자그마한 모니터의 한편에 써 내려가는 글자들을 통해 성령의 생수를 나누게 되리라고는 꿈에도 생각지 못했다. 이 일을 통해 다시 한번 성경의 이야기들을 깊이 깨닫게 되었다.

백부장이 예수님께 자신의 종을 고쳐달라고 하면서 자신의 집에 오실 필요도 없이 그저 말씀만 하시면 종이 나을 것이라고 했던 놀라운 믿음의 고백처럼, 시간과 공간을 초월하여 주님은 그대로 역사하셨다. 수로보니게 여인이 자신의 귀신들린 딸을 고쳐달라며 세 번이나 주께로부터 외면을 당했으나 끝까지 믿음으로 간구하여 큰 은혜를 받았던 것처럼, 유집사는 간구하기를 마다하지 않았다.

그 이후로 유집사는 마치 갓난 아이가 엄마 젖을 먹으며 무럭무럭 자라듯이 그렇게 성장해 나갔다. 그 후로 일년이 못되어 유집사는 하나님의 음성을 들으며 환상을 보는 놀라운 영적인 선물을 받게 되었다.

말세에 내가 내 영을 모든 육체에 부어 주리니 너희의 자녀들은 예언할 것이요 너희의 젊은이들은 환상을 보고 너희의 늙은이들은 꿈을 꾸리라. 그 때에 내가 내 영을 내 남종과 여종들에게 부어 주리니 그들이 예언할 것이요.(사도행전 2:17-18)

3분 스피치

일본에서 처음 다녔던 마찌다(町田)시의 도쿄 호라이즌 채플
주일예배 후 가족이 함께

2004년 4월 일본에 도착하자마자 나는 교회 내에 있었던 호라이즌 바이블 칼리지(Horizon Bible College)에 나가기 시작했다. 참고로 일본은 학기 시작이 4월부터여서 때를 잘 맞춰 들어갈 수 있었다. 명칭은 바이블 칼리지인데, 정식 규모를 갖춘 학교는 아니고, 교회 내에서 소수의 그룹으로 교회 일 꾼들을 키워내는 자체 양성소 같은 곳이었다.

그러나 일본어를 배운 적이 없는 나에게는 좋은 일본어 학교였다. 한국에 있으면서 일본어를 조금씩 하긴 했으나 학교를 다니며 공부한 것이 아니었기에 일본어를 모른다고 해도 과언이 아니었다. 보통 선교사들이 선교지에 들어가면 2년 정도는 그 나라 언어를 배우며 적응훈련을 받는다고 한다. 나는 하나님께서 예비해주신 학교에서 언어 및 적응훈련을 시작했다.

내가 속해 있던 도쿄 호라이즌 채플(Tokyo Horizon Chapel)은 담임인 히라노 고이치(平野耕一) 목사가 미국에서 20년 넘게 신학교와 목회생활을 마치고 89년 귀국하여 세운 교회이다. 이런 미국적인 신앙의 배경으로 인해 교회 이름이나 교회 분위기는 서양분위기가 물씬 났다. 히라노 목사 자신도 영어에 능통하여 처음 만났을 때에도 대화에 어려움이 없었다.

이런 배경 속에서 만들어진 것이 호라이즌 바이블 칼리지였고, 이와 더불어 호라이즌 처치 스쿨(Horizon Church School)도 있었다. 열명 남짓한 적은 수로 학교라기보다는 홈 스쿨링(homeschooling) 같은 분위기의 학교였지만, 우리 아이들에게는 딱 맞는 곳이었다. 이 학교에서는 70%는 영어로, 30%는 일본어로 공부를 했기 때문에, 일본에 처음 간 우리아이들도 큰 부담 없이 따라갈 수 있었다. 이 또한 주님의 세밀한 인도하심이 아닐 수 없었다.

매일 아침 아이들과 함께 교회로 출근하여 아이들은 학교로, 나는 바이블 칼리지로 가서 공부를 했다. 아무리 수년간 신학을 공부한 나였지만, 하루 종일 일본어로 성경을 공부하는 것은 쉬운 일이 아니었다. 대충 감을 잡고 들었지만, 대부분 안 들리기는 마찬가지였다. 5월이 되었는데 하루는 히라노 목사님이 나에게 매주 수요예배 때 한 3분정도 짧은 메시지를 전해보라고 했다. 그때 나의 일본어 실력은 히라가나를 천천히 읽을 수 있는 정도였다. 그러나 일본어를 빨리 익히려면 그 방법도 괜찮겠다는 생각이 들어 한번 해보겠다고 했다.

그런데 막상 대답을 해놓고 보니 일본어로 설교를 작성한다는 것이 불가능했다. 할 수 없이 주위 사람들에게 한국어로 메시지를 작성해가서 일본어 번역을 부탁했다. 그런데 번역만이 문제가 아니었다. 쓰여있는 글자를 읽는 것도 쉬운 일이 아니었다. 더욱이 한자를 일본어로 읽는 것은 배 이상의 힘이 들어갔다. 일본은 한국과 달리 생활 속에서 한자를 반정도 섞어 쓰고 있는데, 한자의 음을 한자 위에 아주 조그맣게 토를 달아놨다. 예를 들어, '일본' 이라는 단어를 한자로 쓰면 日本(にほん)이 되는데, 읽는 방법은 단어 위에 쓰여진 '후리가나'(振り假名)라는 작은 글씨를 읽는 것이다. 어려서부터 학교에서 한자를 배우는 일본인들은 '후리가나' 없이 한자를 읽을 수 있지만 나에게는 너무 힘든 일이 아닐 수 없었다.

 매주 수요일은 나의 일본어 공부를 발표하듯이 번역되어진 일본어를 떠듬떠듬 읽어가느라 진땀을 빼야 했다. 2004년 5월부터 12월까지 반년간 계속되었는데, 그래도 일본인 성도들이 나의 얘기를 귀담아 잘 들어 주었다. 내용이 재미있으면 웃음으로 나를 격려해주기도 했다.

 그러나 일본의 영적인 문제나 회개에 대해 이야기를 할 때면 찬물을 끼얹은 듯 냉랭했다. 나는 그런 반응에 좀 당황스러웠다. 아니 크리스천으로서 현재 일본의 영적 상태가 어떤 줄을 잘 모른단 말인가? 아니 크리스천으로서 회개에 대해 얘기하는 것이 당연한 것이 아닌가? 속으로 이런 질문이 계속 되었다.

 그런데 시간이 가면서 느끼고 알게 된 것은 일본인들은 자신들에 대한 비판에 아주 민감하다는 것이다. 그러기에 죄를 고백하고 자신의 허물을 들어내야 하는 회개에 대해서도 거부감이 있는 것이었다. 일본어 만이 아니라 일본의 영적 상태에 대해서도 배울 수 있었던 반년이었다.

 하나님의 지혜에 있어서는 이 세상이 자기 지혜로 하나님을 알지 못하므로 하나님께서 전도의 미련한 것으로 믿는 자들을 구원하시기를 기뻐하셨도다. (고린도전서 1:21)

2004년 8월

뱀의 환상과 악마의 구름

갑자기 눈앞에 나타난 새까만 구름을 보며
저 안에 악마가 들어있겠구나... 라는 생각이 들 정도였다.

집에서 교회까지는 보통 걸어서 20분 정도 걸리는 거리였다. 일본은 길이 좁고 주차가 힘들어 가까운 거리는 자전거를 많이 타는 편이다. 우리도 자전거를 많이 이용했다. 집과 교회 사이에 고가사카(高ヶ坂)라는 언덕이 있었는데, 말 그대로 아주 경사가 가파른 언덕이었다. 그래서 시간이 있을 때는 조금 돌기는 하지만 언덕 옆으로 세리가야(芹が谷)라는 공

원이 있어서, 그 공원 길을 따라 올라가면 시원하기도 하고 덜 힘들었다. 그 해 여름 혼자 공원 길을 따라 올라가고 있을 때였다. 내 앞으로 꽤 긴 뱀 한 마리가 쓰윽 기어가는 것이 아닌가! 그 더운 여름에도 등골이 오싹해졌다. 하나님께로부터 저주를 받은 동물이라 그런지 정말 징그럽기가 한이 없었다. 그 후로도 한번 더 뱀과 마주친 기억이 있었다.

그런데 이런 일이 있기 얼마 전 꿈속에서 이상한 꿈을 하나 꿨었다. 바로 지금 내가 다니고 있는 교회 안이었다. 모두 같이 예배를 드리고 있었다. 그런데 눈을 들어 사람들을 보니 모두 머리 위에 뱀이 똬리를 틀고 앉아있는 것이 아닌가! 자세히 보니 뱀들이 모두 형형색색 알록달록한 색깔을 띠고 있었다. 뱀들이 그런 색을 띠고 있는 것도 처음 보았지만, 뱀이 사람들 머리 위에 똬리를 틀고 있는 것은 더더욱 처음 보았다.

꿈에서 깨어나서도 참으로 기분이 안 좋았다. 뱀 한 마리만 보아도 기분이 안 좋거늘, 수많은 뱀들을 한번에 보게 되다니... 그것도 교회 안에서... 잠시 후 성령께서 깨우쳐주시는 것은 지금 교회 사람들의 모습은 자신을 꾸미고 높이려는 교만의 모습이요, 그 원인은 바로 뱀인 사단에게 있다는 것이었다. 나는 수요 메시지를 전하며 싸늘한 반응이 느껴져 왔던 때가 기억났다. 역시 그들의 영적 상태는 그랬었구나 하는 생각에 다시 한번 소름이 끼쳤다.

뱀을 보았던 같은 해 여름이었다. 방학이라 애들이랑 같이 집 안에 있었는데, 갑자기 하늘이 어두워지기 시작했다. 나는 느낌이 조금 이상해 얼른 밖으로 나가보았다. 그런데 집 앞에서 내 눈에 들어온 것은 다름 아닌 새까맣다 못해 블랙홀(black hole)처럼 그 안으로 빨려 들어갈 것 같은 먹구름이었다. 보통 여름철 갑자기 하늘이 어두워지고 먹구름이 몰려서 소나기를 부어주고 가는 그런 착한 먹구름이 아니었다.

잠시 서서 눈앞에 드리워진 먹구름을 보고 있는데, 마치 저 안에 악마가 들어있겠구나... 하는 생각이 들 정도였다. 전에 이영호 선교사님을 처음 만나 이런저런 간증을 들을 때였다. 일본을 돌아다니다 어느 지역에서 하루는 갑자기 하늘이 어두워지며 먹구름이 몰려왔다고 했다. 그곳은 바닷가였는데, 그 먹구름이 바로 눈앞 한 발치까지 드리워졌었다고 했다. 세상에 그렇게 새까맣고 두려운 구름은 처음 보았다고... 그 얘기를 들을 때는 잘 이해가 되질 않았다. 본적이 없으니, 얼마나 새까맣길래 그랬을까...라는 정도.

그러나 내 눈으로 직접 그런 구름을 보고 나니, 그 때 그 말의 의미를 이해할 것 같았다. 무엇보다 일본을 다스리고 있는 악령(惡靈)의 정체를 본 것 같은 기분에 긴장이 되기도 했다. 선교지라는 것이 기존 서구 중심의 선교로 인해 자칫 문화나 교육의 수준이 낮고 경제적으로 궁핍한 나라라는 잘

못된 인식을 주기도 한다. 그러나 선교지는 말 그대로 하나님의 통치, 즉 성령의 빛이 들어가지 못하고 있는 어둠의 세계인 것이다. 일본이 선교지인 것은 인간적인 무언가가 부족해서가 아니라 영적인 빛이 들어오지 못하는 영적 암흑의 상태에 있기 때문이다.

앞서도 얘기했지만, 일본의 크리스천들이 선교나 회개에 거부감을 갖고 있는 것은 자신들이 무언가 부족한 것처럼 인식되어지는 것에 대한 거부감이 아닌가 싶다. 더욱이 일본은 세계 3위의 경제대국일 뿐만 아니라 과학과 기술에 있어서도 세계 제일의 수준을 자랑하는 자타가 공인하는 선진국이다. 인간적인 탐욕과 교만으로 두꺼워진 그들의 마음속에 빛이 들어갈 바늘 구멍만한 틈도 찾기 힘들다. 이로 인해 크리스천들 조차도 영적인 깨달음에 있어선 아주 둔감한 상태에 있다.

자신들의 병증(病症)이 무엇이고, 그것이 얼마나 무서운 것인가를 깨닫지 못하는 이상, 아무리 그들에게 복음이나 회개에 대해 말을 해도 들을 귀가 없는 것은 마찬가지이다. 여기에 일본을 향하신 주님의 특별한 계획을 순종하며 기다려야 하는 이유가 있는 것이다.

보라 어둠이 땅을 덮을 것이며 캄캄함이 만민을 가리려니와 오직 여호와께서 네 위에 임하실 것이며 그의 영광이 네

위에 나타나리니 나라들은 네 빛으로 왕들은 비치는 네 광명으로 나아오리라. (이사야 60:1-2)

쌍둥이 엄마

주일 예배 후 교회 식당에서. 맨 왼쪽이 쌍둥이 엄마 이은숙자매. 맨 오른쪽은 아내

　4월에 도착하여 시작한 일본생활이 어느덧 3개월이 지나 여름방학을 맞이하게 되었다. 아이들은 교회학교에서, 나는 바이블 칼리지에서 무사히 한 학기를 마쳤다. 첫 학기라 힘들고 어려웠던 만큼 방학이 너무 신나고 좋았다. 나도 다시 학생이 된 기분으로 여름방학을 만끽할 수 있었다.

　한편 아내는 그간 마찌다(町田)시에서 운영하는 '마찌다 시민 포럼'(forum, 문화센터)이라는 데서 일본어를 배우고 있었다. 어떻게 보면 아내가 나보다 먼저 체계적으로 일본어를 배운 것 같다. 그런데 여름방학을 하면서 그 시민 포럼에서 방학 동안 외국 아이들을 위한 일본어 강좌가 있다며 첫째 남호와 둘째 남혁이를 데리고 다니기 시작했다.

남호와 남혁이가 교회학교에서 영어와 일본어로 공부하며 어느 정도 일본 생활에 익숙해지긴 했지만, 아무래도 일본어가 부족함을 느끼고 있었다. 첫날 수업을 마치고 돌아온 아내가 그곳에서 한국엄마를 만났다고 했다. 쌍둥이 엄마인데, 그 집도 아이들을 데리고 왔다가 소개하는 시간 한국사람임을 알고 인사하게 되었다고 했다. 아내는 그 쌍둥이 엄마에게 선교하러 온 우리얘기도 하며 교회얘기를 한 것 같았다. 그 엄마는 전에 교회를 다닌 적은 있지만 지금은 다니고 있지 않고 있었다. 아내는 우리가 다니고 있던 교회로 초청을 했고, 그 엄마는 거부하지 않고 교회에 나오기 시작했다.

쌍둥이 엄마가 교회에 처음 나온 날, 나와 첫인사를 나누었다. 평범한 한국인의 정 많게 생긴 인상이었다. 아내보다도 삼 년이나 밑이어서 말 그대로 씽씽한 젊은 엄마였다. 이름은 이은숙(李銀淑). 성(姓)도 같은 이씨라 왠지 여동생처럼 편하게 느껴졌었다. 나는 은숙자매에게 함께 성경을 공부하자고 제안했다. 교회에 나와도 일본인 교회라 적당한 성경공부가 없었고, 또 한국인인지라 당장 내가 가르칠 수 있

었기 때문이었다. 은숙자매는 거절하지 않고 흔쾌히 나의
제안을 받아들였다. 장소는 우리 집에서 일주일에 한번씩
하기로 했다. 비록 교회는 다니고 있지 않았지만 마음 밭은
잘 준비가 되어있었던 것 같았다. 그렇게 매주일 성경을 함
께 나누며 메말랐던 자매의 심령도 조금씩 생기를 얻기 시
작했다.

　은숙자매는 20대 초반 일본에 놀러 왔다가 아는 사람소개
로 지금 남편을 만나게 됐다고 했다. 남편은 군대를 마치고
일본에 와 유학을 하고 있었다. 둘은 서로 마음이 통해 은숙
자매가 한국으로 돌아가서도 계속 교제를 하여 결국 결혼에
골인했다고 했다. 그러나 유학생활과 결혼생활을 병행하기
란 그리 쉽지 않았다. 친인척도 없는 외국에서 아이를 낳아
키운다는 것이 쉬울 리가 없었다. 더욱이 도쿄 옆 치바현(千
葉縣)에서 살 때 다니던 교회에서 불미스런 일이 일어나면서
남편도 상처를 받아 교회를 등지게 되었고, 자신도 교회를
떠났다고 했다.

　성경공부를 시작한지 얼마 되었는데, 은숙자매가 집으로
우리를 초대했다. 아마도 본인 가정이 다시 신앙에서 세워
지길 원했던 것 같았다. 우리 내외는 그리 멀지 않은 곳에
살고 있었던 은숙자매의 아파트를 방문했다. 그 집도 우리
집과 같이 다섯 식구였다. 엄마, 아빠 외에 딸과 쌍둥이 두
아들이 있었다. 말 그대로 단란하고 소박한 젊은 가정이었

다. 다만, 아빠가 교회에서 상처를 입고 떠나버렸다는 것이 가장 큰 문제였다.

우리가 그 집을 방문했을 때는 아빠가 집에 없었다. 그런데 우리가 그 가정에서 예배를 드리고 난 후 아빠가 들어오는 것이 아닌가? 은숙자매가 아빠를 위해 일부러 우리가 온다는 것을 말하지 않아서 우리를 보고는 많이 당황해 했다. 서먹서먹한 가운데서도 함께 자리에 앉아 얘기를 해나가며 놀라운 사실을 알게 되었다. 은숙자매의 남편이 중학교 때 방언기도를 한 경험이 있었다는 것이었다. 강원도 원주가 집인 아빠는 교회에서 가는 기도원에 따라갔다가 방언이라는 것을 처음 해봤다고 했다. 놀라기도 하고 감사하기도 했다. 전에 영적 경험이 있다면 다시 돌아올 가능성이 높기 때문이다. 나는 마지막으로 아빠의 손을 잡고 간절히 기도했다. 주님 앞으로 어서 다시 나올 수 있도록...

내가 겐그레아 교회의 일꾼으로 있는 우리 자매 뵈뵈를 너희에게 추천하노니, 너희는 주 안에서 성도들의 합당한 예절로 그를 영접하고 무엇이든지 그에게 소용되는 바를 도와 줄지니, 이는 그가 여러 사람과 나의 보호자가 되었음이라.(로마서 16:1-2)

2004년 12월

선교전선에 배달된 위문품

미군 부대 캠프 자마(Camp Zama)에서 열렸던
선교사 크리스마스 파티에 참석했을 때, 그곳에서 찍어준 사진

우리가 일본에 온 2004년도 드디어 연말(年末)을 맞이하였
다. 그 어느 때보다도 뜻 깊은 연말이 아닐 수 없었다. 고진
감래(苦盡甘來)라 했는가... 고생한 후에 즐거움이 온다고, 나

2장 갈비를 모르고 151

와 아내 그리고 아이들 모두 수고한 한 해였다. 특히 이번 12월에는 우리 가족 모두에게 위로가 되는 일이 있기를 바랐다.

주님은 뜻밖의 선물을 준비해주셨다. 같은 교회에 미국으로부터 온 선교사가 둘이 있었는데, 그 중 하나가 2004년 3월 비자 신청을 하러 왔다가 만났던 타드(Todd)라는 친구였다. 그 친구가 선교사를 위한 크리스마스 파티가 있으니 함께 가자고 했다. 매년 크리스마스 철이 되면, 마찌다(町田)시 바로 옆 자마(座間)시에 있는 미군부대에서 선교사들을 위해 주최하는 크리스마스 파티가 열린다.

자마(座間)시는 일본에서 역사, 군사적으로 중요한 지역이다. 현재 재일(在日) 미(美) 육군사령부가 '캠프 자마'(Camp Zama)란 이름으로 주둔하고 있는데, 이 자리는 원래 1937년부터 제국(帝國)육군 사관학교가 있던 곳이었다. 당시 쇼와 텐노(昭和天皇)가 그곳을 '소부다이'(相武台, 상무대)라고 이름 지어서, 지금도 그 지역은 '소부다이'로 불리우고 있다. 그러나 제2차 세계대전에서 일본이 패하면서 미군이 각 주요 지역을 점령하게 되는데, 그 중 중요한 요코하마 항(港)을 미군으로부터 되찾기 위해 육군사관학교 자리를 미군의 거점 지역으로 내어주었던 것이다. 현재 육상자위대 시설부대(공병대)도 함께 거주하고 있어 일본 내에선 중요한 군사지역으로 꼽히고 있다.

'캠프 자마'(Camp Zama)는 미 육군사령부가 들어갈 정도였으니, 선교사들을 위한 파티도 열 수 있는 규모가 되었던 것이다. 우리는 조금 늦게 파티장에 도착했는데, 들어가자마자 가족 사진을 찍어주었다. 그때로부터 우리 가족은 매년 크리스마스 철이 되면 가족사진을 찍어 성탄카드를 보내는 것이 전통이 되어버렸다.

우리는 아주 오랜만에 캐나다에 있었을 때와 비슷한 분위기에서 푸짐한 음식을 먹을 수 있었다. 일본에 오자마자 좁고 작고 적은 환경 속에서 위축되었던 우리의 몸과 마음이 미국 크리스마스의 풍성함 속에서 조금이나마 여유를 찾을 수 있었다. 파티가 끝나고 돌아가는 시간에 한 가족당 '터키'(turkey, 칠면조) 한 마리씩을 나누어 주었다. 우리는 그 터키를 집으로 가져와 진짜 크리스마스 파티를 하자고 계획을 세웠다. 우리가 처음 일본에 왔을 때 한주간 섬겨준 한국인 가정이며, 은숙자매며, 교회의 한국인 선교사님이며, 가까운 사람들을 불러 한국 크리스천 성탄의 밤을 같이 보냈다.

그러던 12월 말 진짜 크리스마스 선물이 도착했다. 설마 요즘 아이들도 안 믿는 산타 할아버지가 다녀갔을 리도 만무(萬無)하고... 참고로 일본에서는 크리스마스가 휴일이 아니다. 미국은 크리스마스 휴가로 온 나라가 난리요, 한국만 해도 크리스마스는 당연히 쉬는 날로 알고 있지만, 일본은 적어도 공식적으로는 크리스마스와 관계가 없는 나라이다. 이럴 때면 내가 진짜 선교지에 와 있구나 하는 실감이 들곤 한다.

도착한 선물 박스를 열어보기 시작했다. 연말 군부대에 보내진 위문품 박스를 열어보는 기분이 그러했을까? 마치 어린아이처럼 가슴이 두근거리며 무엇이 들어있을까? 라는 호기심과 기대감이 차 올랐다. 우린 아이들과 함께 박스 안의 물건들을 하나 하나 꺼내며 탄성을 지르기 시작했다. 아이들이 좋아하는 과자며 초콜릿, 위문품에 빠질 수 없는 라면, 우리 가족 한 사람 한 사람을 위한 선물들, 거기다 나의 생일을 위한 케익이며... 한국의 풍성함으로 채워진 선물박스는 그간 일본 생활에 조금이나마 움츠러들었던 우리의 어깨를 활짝 펴게 해주었다.

선물을 보내준 산타의 주인공은 다름 아닌 유덕순집사였다. 7월부터 함께 은혜를 받아온 자매가 하나님의 한 가족으로 사랑의 선물을 보내온 것이었다. 그 기쁨과 감사는 말로 표현하기 힘들 정도로 우리 가슴에 와 닿았다. 눈물 젖은 빵을 먹어보지 못한 사람과는 인생을 논하지 말라고 했던가? 주님이 주신 빵은 참으로 달고 맛있었다.

우리가 바라던 것뿐 아니라 그들이 먼저 자신을 주께 드리고 또 하나님의 뜻을 따라 우리에게 주었도다.(고린도후서 8:5)

2005년 2월

비행기가 이륙하듯이

하늘을 향해 힘차게 올라가는 비행기의 왼쪽 날개

어느덧 해가 바뀌어 2005년이 되었다. 이제는 서서히 앞으로의 진로에 대해 생각이 되어졌다. 앞으로 일년 더 이 교회에 있으면서 공부를 해야 하는지, 아니면 새로운 사역지로 나가야 하는지를 결정해야 했다.

그런데 주께서 작년에 하신 말씀이 생각이 났다.

"너는 마치 비행기가 활주로를 달려 하늘로 이륙하듯이 그렇게 날아갈 것이다"

생각해보니 지난 1년 가까운 시간을 보내며 참으로 많은 것들을 경험하며 훈련 받았던 것 같았다. 캐나다에서도, 한국에서도, 주님으로부터의 은혜와 더불어 선교를 위한 훈련을 받아왔지만, 일본 현지에서의 훈련은 실전과 같은 진짜 훈련임을 몸소 체험을 통해 깨닫게 되었다.

어미 독수리가 어린 새끼를 둥지에서 내어 밀어 떨어트리고 아기 새가 바둥거리며 떨어지면 다시 자신의 날개로 받아 둥지로 데려가 다시 하늘을 날도록 밀어내는 훈련의 연속. 마치 우리는 어린 독수리 새끼처럼 저 높은 창공을 날기 위해 주님으로부터 여러 차례 반복적인 훈련을 받아왔다. 이제는 우리 믿음의 날개로 일본을 날아야 할 때가 온 것이다.

비행기를 탈 때마다 느끼는 것은 이렇게 크고 육중한 여객기가 어떻게 저 하늘을 날 수 있을까? 라는 호기심 섞인 긴장감이 든다. 과학상식으로야 비행기 날개에 양력(揚力)이라는 힘이 비행기를 하늘로 들어올린다는 것을 알고는 있지만, 내 몸이 비행기 안에서 느끼는 감정은 좀 다른 것 같았다. 이것이 바로 신앙생활의 실제(實際)가 아닌가 싶다. 이론과 실제의 차이. 내가 몸소 체험해보지 않으면 그저 남의 얘기요, 추상적인 얘기 밖에 될 수 없다. 신앙이 추상적인 관념으로 끝날지, 아니면 실제적인 상황으로 다가올지는 믿음의 날개에 내 자신을 맡기느냐 그렇지 못하느냐에 달려있는 것이다.

의외로 우리가 떠날 시간이 빨리 다가왔다. 1월이 되자 히라노 목사님이 아는 교회를 소개시켜 주겠다며, 마찌다시(町田市)에서 북쪽으로 약 한 시간 정도 떨어진 히가시구루메시(東久留米市)라는 곳으로 우리를 데려갔다. 히가시구루메시는 선교사들이 많은 곳으로도 유명하다고 했다. 우리는 히가시구루메 바프테스토(Baptist, 침례교의 일본식 발음) 교회로 인도되었다. 일반 가정집과 같은 작은 건물이었는데, 2층은 예배실로, 1층은 사무실로 사용하고 있었다. 우리는 교회 사무실에서 같이 얘기하며 앞으로의 일정에 대해 같이 의논했다. 이야기는 일사천리로 진행되어 우리는 2월 말에 그곳으로 이사가는 것으로 결정했다. 마찌다 교회에 비하면 규모도 작고 사람도 없었지만, 주께서 인도하시는 곳이니 다른 염려가 있을 수 없었다.

나는 이사도 하기 전이었지만, 즉각 그 다음 주부터 히가시구루메 교회에 참석하기 시작했다. 이제 갈 곳이 정해졌으니 내가 먼저 가서 자리를 잡는다는 의미에서라도 먼 길이었지만 기쁨으로 달려갔다. 마치 비행기가 이륙하기 위해 전속력으로 달려나가듯이, 주께서 이미 지난 한해 우리를 앞으로 급히 몰고 나가셨다. 이제 나는 편안히 믿음의 날개를 펴고 비행을 즐기기만 하면 되는 것이었다.

내가 애굽 사람에게 어떻게 행하였음과 내가 어떻게 독수
리 날개로 너희를 업어 내게로 인도하였음을 너희가 보았
느니라.(출애굽기 19:4)

2005년 4월

"너는 세 번 읽어라!"

히가시구루메(東久留米) 바프테스토(Baptist) 교회에서
한달에 한번씩 주일 설교를 하였다.

우리는 2월말 히가시구루메시(東久留米市)로 이사를 하였
다. 트럭을 빌리고 친구 타드(Todd)를 비롯한 미국인 형제 둘
과 한국인 형제 둘, 네 명이 도와주어서 무사히 이사를 마칠
수 있었다. 히가시구루메에서 얻은 집은 일부러 작은 집을
얻었다. 일본에 와서 보니, 공공요금이 너무 많이 들어갔다.
전기며, 가스며, 수도며, 한국이나 캐나다에 비해 너무 비쌌다. 공간을 줄이면 아무래도 난방비며 청소기를 돌려도 전기세가 조금은 절약되리라 생각했다.

그때부터 왜 일본사람들이 작고 조그마한 것을 선호하게 되었는지를 조금씩 이해하기 시작하였다. 지진이 많은 나라라 불안과 염려의 심리로 보험이나 저축을 많이 하며, 공공요금이 비싸 절약할 수 밖에 없는 시스템이 사람들의 마음을 소금에 절이듯 간간하게 만들었다.

아직 아이들이 어려서 좁은 공간에서도 오순도순 살 수 있다는 위로와 더불어 오히려 안도가 되었다. 일본의 방은 '다타미'(疊, 1개 사이즈 약 80cm x 1700cm)가 몇 개 들어가느냐로 크기를 말하는데, 보통 방 하나에 다타미가 6개정도 들어가서 '로쿠조'(6疊, 다타미 한 개가 약 0.5평이니, 방하나에 3평정도)라고 부른다. 우리가 이사간 집은 6조짜리 방이 두 개였다. 두 개라고 해야 방하나를 여닫이 문으로 나눈 것인데, 한쪽은 남호와 남혁이가, 또 한쪽은 우리 부부와 막내 남일이가 같이 썼다.

히가시구루메 교회에서는 한 달에 한번씩 주일예배 시 설교를 하기로 했다. 마찌다에 있을 때 짧은 메시지나마 연습해두었던 것이 참으로 다행이었다. 비록 한글을 일본어로 번역하여 떠듬떠듬 읽는 것이지만, 마찌다에서 처음 일본어를 대할 때하고는 많이 달랐다. 속도도 빨라지고 일본어에 대한 두려움이 조금씩 사라져 갔다.

주일 점심 후 오후에는 성경공부를 하였는데, 목사님께서 나에게 일임을 하였다. 아직 성경을 가르칠 만큼 일본어가 되지 않았지만, 서슴없이 맡겠다고 했다. 가르칠 성경 내용을 교재로 작성하여 인쇄한 후 나누어주고 간단히 설명하는 식으로 진행을 했다. 원고가 충실하면 나의 설명이 좀 부족해도 전달은 어느 정도 가능했다. 매주일 성경공부를 통하여 나는 성도들에게 성경을 가르치며 일본어를 공부하는 셈이 되었다. 인원도 많질 않아 나에게는 적당한 성경공부 씨름 장이 되었다.

어느 주일 새벽, 조금 무거운 몸으로 일어났다. 토요일이 좀 바빴는지, 몸이 가볍지 않았다. 기도를 하며 몸이 점점 가라앉았다. 그때 주의 음성이 들려왔다.

"너는 일어나 세 번 읽어라!"

이번 주일은 한 달에 한번 내가 설교하는 날이었다. 어제 준비를 해놨기에 별로 신경은 쓰지 않았다. 그런데 새벽 주께서 어제 준비한 설교원고를 세 번 읽으라고 말씀하시는 것이었다. 평소 주일 아침에 한두 번 읽은 적은 있었지만, 오늘 아침은 좀 의외였다. 사실 새벽기도 후 잠시 눈을 붙이고 싶었으나 주의 음성을 듣고는 일어날 수 밖에 없었다.

세수를 하고 원고를 읽기 시작했다. 7시부터 읽기 시작한 원고는 거의 9시가 돼서야 끝났다. 교회 갈 준비를 하고 10시 30분쯤 집을 나섰다. 교회에 도착하여 예배준비를 하면서 평소보다 많은 사람이 오는 것을 느낄 수 있었다. 근 4개월 이상 나오지 않던 사람도 두 사람이나 나왔고, 남호 친구의 엄마도 두 번째 얼굴을 보였다. 마찌다에 있을 때 함께 성경공부를 했던 재일교포 한 분도 오셨다. 생각지 않았던 사람들이었다.

갑자기 마음이 조금 흔들렸다. 아직도 서툰 일본어로 설교를 한다는 것이 그리 쉬운 일은 아니었다. 더구나 새로운 사람들이 많이 올수록 내 마음은 작아졌다. 그때 주님은 내 마음에 말씀을 주셨다. "내가 하는 것이니, 너는 걱정하지 말거라. 내가 네 속에서 말하고, 네 입을 사용하리라. 너는 그저 빌려주기만 하거라. 내가 사람들의 마음을 쪼개리라." 다시 한번 주님께서 하신다는 것을 마음에 새기고 예배에 임했다.

다락방 같은 예배실이지만 사람들로 채워지는 것을 보며 기쁘고도 놀라웠다. 평소 반도 안차는 예배당이 내가 설교를 하는 첫 주가 되면 채워지는 것이 이상했다. 지난달도 또 전전달에도 주님께서 사람들을 보내주셨다. 분명한 주님의 손길을 느끼지 않을 수 없었다.

순서가 되어 설교를 시작했다. 아침에 세 번 읽기는 했지만, 아직 일본어가 그리 쉽지는 않았다. 그러나 담대함으로 일본어가 아닌 '말씀' 으로 선포하기 시작했다. 회중의 반응은 평소와 다름없이 조용했다. 설교 후 헌금시간이 되었다.

이 교회에서 일을 도맡아 하고 있는 자매가 앞으로 나가 헌금기도를 하였다. 오늘 나의 설교에 대한 감사의 기도를 하며 동시에 울먹이기 시작했다. 평소에는 생각지도 못한 모습이었다. 냉랭하고 차가운 모습마저 들던 자매의 모습에서 은혜의 눈물을 보고 듣는 것이 신기했다. 순간 "내가 사람들의 마음을 쪼개리라"는 주님의 말씀이 생각났다. 감사의 찬양을 드리지 않을 수 없었다. '역시 주님이 하셨군요.' 더욱 이 예배 후에 함께 예배를 드렸던 한 일본인 목사님은 말씀에 감사하다며 헌금봉투를 건네주었다. 매월 한번씩 교회에 들려주시는데(?), 장례식과 결혼식을 전문으로 하는 특이한 일본 목사님이셨다. 평소와 달리 오늘은 마치 말씀의 검에 찔린 듯 감동을 받은 모습이었다. 더구나 헌금까지 받게 될 줄이야.

얼마 후 그 교회에서 지역 목회자 회의가 있었다. 아마도 한국의 노회 밑의 시찰회 같은 모임 같았다. 담임목사님은 나에게 그날 설교를 했으면 좋겠다고 부탁하셨다. 나는 또 부지런히 준비하여 그날을 기다렸다. 회의 전 간단히 예배를 드렸다. 나는 준비한 원고를 읽으며 일본의 목회자들이 깨어나기를 바라는 마음으로 말씀을 전했다.

예배가 끝난 후 비교적 젊은 남녀 교역자 두 사람이 내게로 와서 악수를 하며 말씀에 은혜를 받았다며 기뻐했다. 내가 말이 짧아 더 이상 긴 얘기는 하지 못했지만, 적어도 내가 전하고자 했던, 아니 성령께서 전하고자 하셨던 말씀은 제대로 전달이 된 것 같았다. 그런데 예배가 끝난 후 뒤도 돌아도 보지 않고 나가는 사람이 있었다. 예배 전 인사를 나눴던 목사님인데, 중년에 조금은 있어 보이는, 다시 말해 교회의 규모가 어느 정도는 되는 것 같았다. 얼굴은 굳어있었고, 목에는 잔뜩 힘을 주고 앉아있었다. 나는 일본의 부흥을 위해 일본 목회자들의 보다 뜨거운 헌신과 기도에 대해 말씀을 전했는데, 그것이 제대로 찔리지 못하고 빗나간 모양이었다. 그 목사님은 뒤도 돌아보지 않고, '쌩' 하고 나가버렸다.

나는 다시 한번 일본 교회의 현주소를 몸으로 체험하는 시간이었다. 일본 교회의 목회자와 성도들이 모두 다 그렇지는 않을 것이다. 그러나 많은 경우에 있어, 마찌다에서도 그랬다시피 영적으로 묶여있는 모습을 보게 된다. 예배가 끝나자마자 자리를 박차고 나간 목사님은 아마도 한국의 선교사가 감히 일본 교회 목사들에게 뭐라고 말한다는 자체에 자존심이 상한 눈치였다. 하나님의 말씀을 듣고도 깨닫지 못하는 목사. 아마 이 세상에서 가장 불쌍한 자가 아닌가 싶다.

바리새인 중에 예수와 함께 있던 자들이 이 말씀을 듣고 이르되, "우리도 맹인인가?" 예수께서 이르시되, "너희가 맹인이 되었더라면 죄가 없으려니와 본다고 하니, 너희 죄가 그대로 있느니라." (요한복음 9:40-41)

2005년 5월

"중앙으로 가라!"

키타노마루(北の丸) 공원에서 주일 예배를 드리고 나서
왼쪽부터 남일(5), 남혁(8), 아내, 남호(11)

2005년 2월 마찌다(町田)에서 히가시구루메(東久留米)로 이사한 후부터 아내와 나는 새벽과 낮으로 교회에 가서 기도를 시작하였다. 아직 교회에 달리할 큰 일이 없었기에 먼저 기도에 집중했다. 기도를 시작한지 한두 달쯤 지났는데, 기도 중에 주께서 다음과 같이 말씀하셨다.

"중앙으로 가라!"

처음에는 '중앙'이 어디인가 하고 좀 의아해했다. 일본

지도를 보며 지리적으로 가운데 위치한 교토(京都)쯤인가? 하는 생각이 들기도 했다. 그러나 역시 일본의 중앙은 모든 것이 집중돼있는 수도(首都) 도쿄(東京)였다. 일본의 핵(核)을 이루는 고쿄(皇居, 텐노의 거처)를 비롯하여 악령(惡靈)의 발신지인 야스쿠니진자(靖國神社)가 바로 옆에 있으며, 그 밑으로 입법, 사법, 행정부의 모든 기관들이 한 곳에 몰려있다. 이 지역은 도쿄의 23개구(區)내에서도 한복판에 해당하는 치요다구(千代田區)에 속하는데, 일본 중에서도 일본이요, 노른자위에서도 노른자라고 부를 수 있는 곳이다.

일본의 쇼군[將軍, 정식 명칭은 '征夷大將軍'(정이대장군)으로 오랑캐를 무찌르는 야전사령관의 의미이나, 텐노(天皇)의 권위를 발판으로 일본을 통치했던 자리를 지칭]이었던 도쿠가와 이에야스(德川家康)가 1603년 교토(京都)에서 에도(江戶)로 거점을 옮겨 에도시대를 연 것이 지금 수도 도쿄의 시작이었다. 그 이후 1868년 메이지(明治)정부가 들어서면서 도쿄(東京)로 이름을 바꾸어 공식적인 수도로 자리를 잡게 되었다.

도쿠가와 이에야스가 일본 최대의 성으로 증축하여 정무(政務)를 보던 '에도성'(江戶城)이, 바로 지금 텐노(天皇)가 거처하는 '고쿄'(皇居)가 되었다. 이 에도성을 '치요다성'(千代田城)으로도 불렀는데, 치요다(千代田)의 '치요'(千代)는 천 년이란 의미로 장구한 세월을, '다'(田)는 밭을 뜻하는 말로, 치요다성은 풍요롭고도 영원한 도성이 되라는 기원을 담은

명칭이 되겠다. 일본의 국가(國歌)인 '기미가요' (君が代)도 무슨 가요의 종류처럼 들리지만, '기미' (君)는 임군 '군' 자로 일본의 왕인 텐노(天皇)를 가리키고, '요' (代)는 시대로 텐노의 통치시대를 말한다. 가사의 첫 부분에도 '기미가요와(君が代は) 치요니(千代に) 야치요니(八千代に)' 라는 말이 있는데, '치요' (千代)는 천 년을, '야치요' (八千代)는 팔천 년을 뜻한다. 쉬운 말로 풀이하면, '텐노의 치세(治世)는 천년 만년 계속되리' 라는 뜻이 된다.

따라서 에도성(江戶城)이 있었던 치요다구는 태생적으로 일본의 중앙역할을 하게 되어 있었고, 그 중에서도 지금 고쿄(皇居)로 사용되고 있는 에도성은 바로 일본의 영적 본부라 해도 과언이 아닐 것이다. 일본의 정치역사뿐만 아니라 지금도 일본 전체를 묶고 있는 영적인 핵(核)의 역할을 하고 있기 때문이다. 그 대표적인 예가, 지금도 텐노부부는 고쿄 안에 있는 '규츄산덴' (宮中三殿)이란 사당(祠堂)에서 매일 아침 일본의 신들에게 제사를 드리고 있다. 과연 구(舊)시대의 왕이 지금도 나라를 대표하여 신들에게 제사를 드리고 있는 나라가 있을까? 할 정도다. 다시 말해, 일본은 어두움의 대제사장이 매일 같이 사단 앞에 이 나라를 바친다는 의식을 행하고 있는 것과 같은 것이다.

나는 '중앙' 으로 가라는 주님의 말씀에 어떻게 해야 하나 곰곰이 생각했다. 현재 도쿄의 변두리 한 작은 교회에 있는 내가 할 수 있는 일이 무엇인가를 생각해보았다. 지금까지도 그랬지만, 우선 주의 말씀대로 발을 내디뎌 순종하는 것이었다. 마침 히가시구루메 교회에서는 나를 선교사로 받아주지 않았다. 담임목사님은 나를 선교사로 받아주려 했지만, 교인들 아니 목사님의 딸이 반대를 했던 것이다. 젊은 선교사가 와서 나이 많은 목사를 밀어내고 교회를 차지하리라는 불안감 때문이었을까? 아니면 일본인 목사답지 않았기에 맘에 안 들었던 것이었을까? 당시 교회로 쓰고 있던 건물은 아버지 목사님과 딸이 번 돈으로 마련한 주택이라고 했다. 노처녀였던 그 자매는 자신의 고집을 꺾지 않았다. 나는 오히려 가볍게 그 교회를 떠날 수 있었다.

한달 정도 집에서 예배를 드리다 중앙으로 가라는 말씀에 순종하고자 발을 떼었다. 8월 우리는 도시락을 싸가지고 아이들과 함께 전철을 타고 고쿄(皇居)가 있는 중앙으로 향했다. 현재 고쿄는 '고쿄 히가시쿄엔' (皇居東御苑)과 '고쿄 가이엔' (皇居外苑), 그리고 '키타노마루' (北の丸)공원을 일반인한테 개방하고 있다. 그 중 우리가 가서 예배드릴 수 있는 곳은 키타노마루 공원이었다. 키타노마루 공원은 고쿄와 야스쿠니진자(靖國神社) 사이에 있는 공원으로 일본에서는 '부도칸' (武道館, 무도관)이 있어 유명한 곳이다. 1964년 도쿄 올림픽과 더불어 무술 보급을 위해 지어진 '부도칸' 은 프로레슬링이나 콘서트 등 다양한 흥행사업도 이루어지는데, 1966년

영국의 록그룹 '비틀즈'(The Beatles)가 이곳에서 공연한 곳으로도 유명하다.

우리는 공원 가운데 있는 호수 옆에서 조용히 예배를 드렸다. 주일 아침이라 그런지 사람들도 그리 많지는 않았다. 오랜만에 자연 속에서 예배를 드리니 감회가 달랐다. 더욱이 일본의 중앙에서 예배를 드린다고 생각하니 더운 여름 날씨에도 영적 소름이 돋는 듯했다.

> 네가 어디 사는 것을 내가 아노니 거기는 사단의 위가 있는 데라. 네가 내 이름을 굳게 잡아서 내 충성된 증인 안디바가 너희 가운데 곧 사단의 거하는 곳에서 죽임을 당할 때에도 나를 믿는 믿음을 저버리지 아니하였도다. (요한계시록 2:13)

"더 힘들어지게 되리라"

2005년 9월 사이타마현(埼玉縣)의 가와구치(川口)에서 열렸던
T. L. 오스본 집회 광경

2005년 5월 13~14일 일본의 중부지방인 나고야(名古屋)에서 베니힌(Benny Hinn) 목사님 집회가 열렸었다. 미국인 선교사 타드(Todd)는 함께 가지 않겠냐고 했다. 나는 2004년 여름 베니힌 목사님 집회를 보면서 은혜를 받은 터라 같이 가자고 흔쾌히 응했다. 우리는 밴(van)을 빌려 온 가족을 다 태우고 대가족이 처음으로 먼 여행길을 나섰다. 우리는 이틀

간의 집회를 잘 마치고 도쿄로 돌아오려는데, 그곳에서 아는 형제 하나를 만났다. 같은 방향이라 차에 태워 같이 올라왔다.

내가 운전하며 옆자리에 앉은 형제와 도쿄로 돌아오는 내내 대화를 나누었다. 주로 형제가 나의 선교에 대해 이것저것 물어보면 대답하는 식의 대화였다. 대화 말미에 그 형제가 도쿄에서 모이고 있는 어떤 교회에 대한 이야기를 했다. 그 교회에서 목회자를 찾고 있는데, 내가 적합할 것 같다는 얘기였다. 우리는 다시 연락하기로 하고 헤어졌다.

같은 해 9월 19일 도쿄 위에 있는 사이타마현(埼玉縣)의 가와구치(川口)라는 곳에서 세계적인 복음전도자 T.L. 오스본(Osborn) 목사님의 집회가 있었다. 그 때 나고야에서 만났던 형제로부터 그곳에서 만나자는 연락이 왔다. 지난번 말한 교회의 A집사라는 사람이 만나보고 싶다는 것이었다. 집회가 끝난 후 그 형제와 더불어 A집사를 만났다. A집사는 남편이 대기업의 임원으로 도쿄 지사에 부임하여 왔고, 지금 살고 있는 세타가야(世田谷)에서 매주일 예배를 드리고 있다고 했다. 우선 주변의 한국인 주재원 가정들을 모으고, 또 아는 일본인들을 전도하여 일본어 예배도 드리고 있다고 했다. 다만, 지금은 임시적으로 두 분의 목사님이 도와주고 계시는데, 정식으로 목회자를 모시고자 한다고 했다. 시간이 너무 늦은 관계로 우린 다시 만나기로 하고 그날은 헤어졌다.

다시 A집사로부터 연락이 와서 우린 집에서 멀지 않은 이케부크로(池袋)의 한 레스토랑에서 만났다. A집사는 말을 아끼는 듯하면서도 나에게 자신들의 교회에 와주었으면 좋겠다고 제안을 했다. 나는 약속을 잡아 A집사가 사는 동네로 아내와 함께 찾아갔다. A집사 집에서 우리는 교회에 대한 이런저런 이야기를 했다. 그러면서 A집사는 미국 지사에 있을 때의 얘기를 들려줬다. 자신이 그곳에서도 어떤 목사님을 모시고 교회를 시작했는데, 큰 아들이 다리를 다쳤던 일. 일본 지사로 오면서 역시 교회를 세우려고 일부러 현재의 큰 집을 얻어 미국에서 알던 목사님을 일부러 모셔왔는데, 서로 잘 맞지 않아 그 목사님은 다른 데로 가셨다고. 현재 두 분의 목사님이 오전 오후로 도와주고 계시는데, 조금 부담이되 정식으로 목사님을 모시려고 한다고.

우리는 일단 수요일 A집사 집에서 모이기로 했다. 주일은 현재 오시는 목사님들께 말씀 드리고 정리하겠다고 했다. 그런데 한 번 두 번 만나 얘기를 할 때마다 이상한 분위기를 느껴야 했다. 왠지 마음이 편하지 않고 무언가 겉도는 듯한 느낌을 받았다. 나는 집에 와서 기도하며 아무래도 이번 일은 마음에 부담이 돼 접어야겠다고 생각했다. 그런데 주님께서 "이번에 안 가면, 더 힘들어지게 되리라"라고 말씀하시는 것이 아닌가! 아니 이번에 가야 한다고? 나의 마음에는 정말 가고 싶은 마음이 없었다. 그런데 이런 상황에서 그곳

으로 가야 한다니... 내가 주의 말씀을 잘못 들었나? 라고도
생각되었다.

그런데 보통 내가 원하는 것을 하라고 하면 내 뜻을 이루
기 위한 자위적인 기도가 될 수도 있지만, 이건 정반대의 경
우였다. 난 가고 싶은 마음이 전혀 없었다. 그런데 마지막
내 마음을 굽혀야만 했던 것은 성령께서 지금 내가 가는 길
이 바로 중앙으로 가는 길이라는 것을 깨우쳐주셨기 때문이
었다. 나는 "중앙으로 가라!" 라는 주의 명령에 순종하기 위
해 그 먼 키타노마루(北の丸) 공원까지 도시락을 싸서 갔었는
데, 지금 길을 열었으니 순종하여 가라는 것이었다. 그 길이
좋다, 나쁘다를 말하지 말고 그 길로 가라는 것이었다.

우리는 2005년 연말을 세타가야구로 출퇴근을 하며, 수요
일은 A집사 집에서, 주일은 근처 중학교 건물을 빌려 예배
를 드렸다. 나는 A집사에게 개인적으로 바른 신앙을 가르쳐
주려고 애를 썼다. 그러나 마음을 열고 받아들이질 않았다.
그러길 불과 몇 주 안되어서 A집사가 집안 계단에서 내려오
다 허리를 다쳐 움직이기가 힘들게 되어버렸다. 그래서 수
요모임도 그 집에서 하기 힘들어 근처 구민센터를 빌려 수
요기도회를 했다. A집사의 통증은 날로 더해갔고 결국 주일
도 나오지 못하게 되었다.

주께서 그들을 주의 은밀한 곳에 숨기사 사람의 꾀에서 벗어나게 하시고 비밀히 장막에 감추사 말 다툼에서 면하게 하시리이다.(시편 31:20)

사망의 음침한 골짜기로 다닐지라도

세타가야(世田谷)구 키누타(砧) 공원에서
앞줄 맨앞 막내 남일, 그 뒤 첫째 남호, 옆으로 남혁

우여곡절 속에 가까스로 2005년말을 보낸 나는 그 교회 정식 담임목사로 교인회의에서 결정되었다. 기쁘다기 보다는 점점 더 큰 짐을 어깨에 짊어진 기분이었다. 해가 바뀌어 2006년이 되었고, 1월 1일 우리 가족은 신년예배를 드리러

아침 일찍 A집사 집으로 가고 있었다. 그런데 집 근처에 오니, 소방관들이 나와 있고 소방차도 와있는 것이 아닌가? 새해 첫날부터 어딘가 불이 난 것 같았다. 우리는 조심하며 골목 안으로 들어가 그 집에 도착하였다. 도착해보니 옆집에서 불이나 아수라장(阿修羅場)이 되어있었다. 바로 옆집에서 불이 나서 그 집 주인이 죽었다는 것이다. 새벽에 불이 났는데, 옆집 불이 옮겨 붙을까 봐 노심초사(勞心焦思)하며 허리 아픈 A집사까지 나서서 물을 나르는 등 정신이 없었다는 얘기였다. A집사나 남편집사나 약간은 상기되고도 피곤한 얼굴이었다.

나는 시편 23편 말씀으로 새해를 시작하는 오늘, 우리의 선한 목자 되신 주님께 모든 것을 맡기고 따라가자는 말씀을 전했다. 언제 어떻게 될지 모르는 것이 인생인데, 나의 욕심이나 죄가 아닌, 오직 주님의 선한 뜻과 길을 순종하여 가자고 권면했다. 남편집사는 눈물을 글썽이며 은혜를 받는 모습이었다. 아마도 지난밤 불과의 싸움에서 마음이 조금은 가난해진 것 같았다.

나는 주일 오전에는 일본어예배를, 점심 후 오후에는 한국어예배를 인도했다. A집사는 오전에는 아예 나오질 못하고 남편집사와 아이들만 나왔다. 나의 일본어가 서툴기는 했지만 나름대로 은혜스런 예배가 되도록 노력했다. 적은 수였지만 나름 은혜를 받는 것 같았다.

주께서 마음 놓고 말씀을 전하도록 A집사를 묶어두신 것 같아 놀랍기도 하고 감사하기도 했다. 정말 그 사람은 자신의 처한 상황에서 주의 뜻을 헤아리고 있을까? 걱정도 되고 의심도 되었다. 심방을 가고 전화를 해도 반성이나 회개가 아닌 기름 바른 입술처럼 이리저리 빠져나가기 일수였다. 하나님의 징계를 받으면서도 깨닫지 못하는 성도를 보며 두렵기까지 했다.

왜 A집사는 교회를 세우는 좋은 뜻을 가지고 있었음에도 아들이 다치고 본인 자신이 다치고, 또 목회자들과 불편한 관계로 치닫는 것일까? 정답은 교회의 머리 되신 주님의 뜻대로가 아니라 자신의 뜻대로 하려고 하기 때문이라는 것을 알게 되었다. 그래서 처음 만났을 때부터 마음이 편하지 않았던 것이었고, 마치 물구나무를 서있는 기분이었다. 피가 거꾸로 도니 당연히 머리가 아프고 힘들어졌던 것이었다.

허리를 다치기 전, A집사 집에서 아내와 더불어 개인적으로 만날 때였다. 아무래도 교회관이 잘못된 것 같아 성경 말씀으로 깨우쳐주어야 할 것만 같았다. 교회의 머리는 주님이시요, 우리는 몸이다. 그러나 몸에도 각기 제 역할이 있어서, 팔도 있고 다리도 있지만, 몸 속 깊은 곳에서 더 중요한 일을 하는 심장 같은 것도 있다고. 교회의 목사는 바로 그런 심장처럼 하나님의 생명의 말씀을 전하는 사람이라고 힘주어 전했다. 그러나 돌아오는 답은 목사님 말씀을 오늘은 그냥 마음에 담아두고 있을게요...라는 것이었다. 한마디로 받아들이지 못하겠다는 것이었다.

그 이후로 일은 빨리 진행되어 갔고 나는 2006년과 더불어 교회의 정식 담임목사가 되었다. 그리고 맞은 첫 신년예배가 바로 불 난 집 옆에서 드린 예배였던 것이다. 하나님께서 주신 새해의 은혜요, 기회였던 것이었다. 적어도 A집사가 깨닫고 겸손히 주님의 뜻을 따를 수 있는 기회.

그 후에도 A집사는 가끔씩 주일 오후예배에 얼굴을 내비치곤 했다. 그러나 먼저 마음이 안 편하니, 와 있어도 꿔다 놓은 보릿자루였다. 나는 그 사람을 보며 참으로 안타까웠다. 무엇이 저토록 저 사람을 피곤하게 만드는가? 그냥 교회 성도의 한 사람으로 주안에서 교제하고 사랑할 수는 없는 것인가? 꼭 자신의 뜻과 계획대로 되어야만 만족이 되고 교회가 되는 것인가? 왜 주님이 만들어놓으신 자연스런 교회의 모습에 만족하지 못하는 것인가?

내가 사망의 음침한 골짜기로 다닐지라도 해를 두려워하지 않을 것은 주께서 나와 함께 하심이라. 주의 지팡이와 막대기가 나를 안위하시나이다. (시편 23:4)

2006년 5월

하나님의 트라이앵글

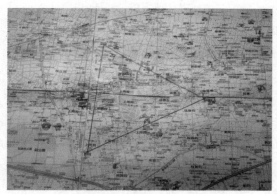

이사갈 집을 찾아보고 트라이 앵글을 그려 넣었던 지도
삼각형 북쪽이 우리집, 남쪽이 교회, 동쪽이 이집사집

2005년 여름부터 계속 주일이 되면 우리는 히가시구루메 (東久留米)를 떠나 시내 쪽으로 나와야 했다. 8월, 9월은 시내 키타노마루(北の丸)공원에서 예배를 드리러, 10월부터는 A집 사와 연결되며 세타가야구(世田谷區)로 예배를 드리러 와야 했다.

일본은 버스보다 전철이 발달되어있어서 대부분의 이동 은 전철을 이용하게 된다. 빠르고 시간이 정확한 반면 요금이 조금 비싼 편이다. 히가시구루메에서 키타노마루 공원까지 오는데 어른 한 사람당 500엔(약5,000원)이상의 요금을 내야 했다. 거리로는 대략 25km정도 되었기에 1km 당 대략 20엔(약200원)정도가 드는 셈이다. 한국의 전철을 보니, 같은 거리에 요금이 약 1,350원 정도였다. 일본이 한국보다 3배 이상 비싼 것 같았다.

그런데 전철 값도 전철 값이지만, 아이들을 데리고 이동하는 것이 그리 쉬운 일은 아니었다. 아직 아이들이 어린 때였기 때문에 마치 짐과 같이 끌고 때로는 안고 다녀야 했다. 나는 이제 사역지가 결정된 만큼 그쪽으로 이사를 가야 한다는 생각이 들었다. 목회자가 사역지 가까이로 간다는 것은 당연한 일이었다.

그런데 사역지인 세타가야구는 전통적으로 부유층의 사람들이 사는 곳으로 땅값도 집값도 비싼 곳이었다. 그때 주께서 아는 사람으로부터 그 지역의 주택에 대한 정보를 듣게 하셨다. 그것은 도쿄도(東京都)에서 서민들을 위해 아파트를 지어 임대해 준다는 것이었다. 그럼 우리 같은 외국인들에게도 빌려주냐고 했더니, 도쿄에서 1년이상 산 사람에게는 누구에게나 혜택이 돌아간다는 것이었다.

나는 얼른 그 임대아파트에 대한 안내책자를 구해 펼쳐보았다. 2006년 그 해 세타가야구에 빈자리가 나왔는지를 체크(check)하기 위해서였다. 자리가 항상 있는 것이 아니고 빈자리가 나올 때마다, 지원자 중 추첨을 통해 입주자를 결정하는 방식이었다. 나는 세타가야구 어디에라도 한자리만이라도 나면 감사하겠다고 가슴 졸이는 마음으로 리스트를 찾아보았다. 놀랍게도 세타가야구에 딱 한자리가 나와 있었다.

나는 즉시로 지도 책을 펼쳐서 아파트 주소지를 찾아보았다. 놀랍게도 당시 교회로 모이던 곳에서 차로 불과 10분 정도의 거리에 그 아파트가 위치하고 있었다. 그런데 더 놀라운 것은 교회 일군으로 열심히 봉사하던 이향주집사라는 자매의 집하고 정확히 삼각형을 이루는 것이 아닌가! 이향주집사는 A집사가 교회로부터 빠져나가며 흩어졌던 다른 사람들과는 달리 끝까지 교회를 지켰던 신실한 자매였다. 나는 교회와 아파트와 이집사의 집이 트라이앵글(triangle)을 이루는 것을 보고 이것은 보나마나 하나님께서 우리를 위해 예비해주신 집이라고 확신을 했다. 어떤 의심이나 걱정도 들지 않았다. 나는 아내에게도 또 이향주집사에게도 지도를 보여주며 약간은 흥분된 듯 설명을 해주었다.

그런데 그 아파트에는 자녀가 많은 가정을 위한 주택으로 세가지 조건이 붙어 있었다. 첫째는 자녀가 셋 이상이어야 한다는 것이었다. 우리는 평소 아이가 많은 편이라고 생각하였는데, 이럴 때는 기본에 속하였다. 두 번째는 세대주의 나이가 1961년 7월 이후 생(生)이어야 했다. 나는 생일이 12월달이었기에 가볍게 커트라인을 넘어설 수 있었다. 세 번째는 자녀 중 반드시 한 아이는 중학생이어야 했다. 바로 그해 4월 첫째 남호가 중학교에 입학을 하여서 아슬아슬하게 커트라인을 넘어설 수 있었다.

나는 이거야말로 하나님께서 우리를 위해 예비하신 증거라고 굳게 믿었다. 서류를 준비하여 입주신청을 하였다. 신청번호는 1번이었다. 약 2달 뒤인 7월에 추첨이 있었고, 며칠 후 드디어 연락이 왔다. 당첨이었다. 그런데 뚜껑을 열어보니 세 가정이 신청을 해서 우리가 당첨된 것이었다. 삼대 일의 경쟁률을 뚫고 당첨이 된 것이니, 당첨률은 33.3%, 낙첨률은 66.6%. 생각해보니, 결코 그냥 된 것이 아니었다.

주께서 지도 상에 정확한 곳을 정하시고 우리의 거처로 지명(指名)하여 주신 것이었다. 사쿠라가오카[樓丘, 사쿠라(벚꽃)의 언덕]. 하나님께서 정하여 주신 집의 지명(地名)이다.

여호와는 나의 산업과 나의 잔의 소득이시니 나의 분깃을 지키시나이다. 내게 줄로 재어 준 구역은 아름다운 곳에 있음이여 나의 기업이 실로 아름답도다.(시편 16:5-6)

"내가 차렸으니 많이 먹어라"

형용색색 정갈한 일본 요리
일본 요리는 눈으로 먹는다는 말이 있다. 그만큼 모양과 색에 심혈을 기울인다.

2005년 10월부터 세타가야구(世田谷區)로 발길을 옮긴지 약 9개월이 되었다. 결코 짧지 않은 시간들이었다. 가시밭과 같다고 할 정도로 불편과 갈등의 연속이었다. 다행히 주님은 처음부터, 자신의 뜻대로 안되자 나를 가로막았던 A집사를 주저 앉히셨다. 집안 계단에서 허리를 다쳐 꼼짝할 수 없게 된 것이었다.

그러던 6월 어느 주일, A집사의 남편 B집사가 말하길 아내가 어느 도사를 만나 허리 통증이 다 나았다는 것이었다. 그래서 이번 주 그 도사를 모시고 감사하는 마음에서 히로시마로 여행을 다녀온다고 했다. 나는 그 말을 들으며 내 귀를 의심했다. '아니 이 사람이 진짜 제 정신으로 하는 말인가?' 나도 한두 번 A집사가 예배에 나왔을 때 진심으로 그를 위해 기도해준 적이 있다. 그러나 그의 마음은 닫혀있어 주님이 그를 고쳐주실리 만무였다. 그런데 어느 도사를 만나 병이 나았다는 것이었다. 나는 무슨 전도사를 말하는 줄 알았다. 그런데 그냥 일본인 '도사'라고 했다.

일본에서 못된 마음을 갖고 교회를 어지럽히더니, 진짜 마귀에게 붙잡혔구나... 라는 생각이 들었다. 정말 이게 끝이구나... 라는 생각이 들었다. 역시나 주중에 B집사로부터 점심을 같이 하자고 연락이 왔다. 전화를 끊고 마음이 착잡해졌는데, 주님의 음성이 들려왔다.

"내가 차렸으니 많이 먹어라."

네? 나는 내 귀를 의심했다. "주님, 제가 지금 그 자리에 가서 편히 밥이 넘어 가겠습니까?" 전화 상으로도 불편함이 진하게 느껴오는데, 무슨 밥을 맛있게 먹을 수 있겠는가... 그러나 주님이 그것을 몰라서 그런 말씀을 하셨겠는가... 성령께서 깨우쳐주셨다. 지금까지 A집사나 남편 B집사가 어떻게 나를 대했는지를 누구보다 주님이 잘 알고 계신다. 내가 만일 무거운 마음으로 그 자리에 나간다면, 밥은커녕 내 몸과 마음은 더욱 상처를 입게 될 것이다. 주님은 나의 몸과 마음을 지키기 위해 놀라운 명령을 하신 것이었다. 그 말씀을 듣고 나니 갑자기 마음이 편해지기 시작했다. 나는 나를 무시하고 기분 나쁘게 하는 사람을 만나러 가는 것이 아니다. 나는 지금 주님이 차려주신 맛있는 점심을 먹으러 가는 것이다. 어떻게 보면 어린애 같기도 하고 어떻게 보면 조금 정신이 이상한 사람 같기도 할 것이다. 그러나 나는 진짜 멀쩡한 정신에 차분한 마음으로 그 자리에 나갈 수 있었다.

B집사는 회사 건물 뒤에 있는 자그마한 일본 정식 집으로 안내했다. 자주 가는 단골집 같았다. 2층 조용한 방에서 우리는 정식을 먹으며 대화를 나누었다. B집사는 음식 이것저것을 나에게 소개해 주었다. 나는 그러냐며 맛있게 먹었다. B집사는 조금은 놀란 얼굴을 하였다. 나는 그 표정을 보면서도 끝까지 정말 아무 생각 없이 맛있게 먹어주었다. 주님이 나의 마음과 몸을 지키고 계심을 느낄 수 있었다.

B집사는 아내가 안 좋은 상태로 교회를 떠나게 되어 자신도 할 수 없이 떠나게 되었다는 인사성 치레의 얘기를 했다. 사회적 신분을 고려해 잡음이 나지 않도록 주변정리를 하는 모습이었다. 나는 그러냐며 편안히 B집사와 헤어졌다. 6월 말 B집사가 교회에서 완전히 발을 빼면서 교회 재정을 보던 회계 집사도 그만두겠다고 했다. 다들 A, B 집사 부부로 인해 얽힌 사람들이라 어쩌면 당연한 것일지도 모르겠다. 그 회계 집사는 주일 회계 장부를 어디로 넘겨야 할지 자신도 모르겠다는 황당한 소리를 했다. 교회의 목사는 나였지만, 교회의 물주는 A집사였었기 때문이었다. 그간 A집사의 지

시를 받아온 회계 집사인지라 A집사를 의식하지 않을 수 없었을 것이다. 얼마 후 교회 회계 장부가 이향주집사를 통해서 교회로 돌아왔다. A집사로부터 들은 한마디와 더불어...
"그 까짓 돈, 우리 집 한달 월급도 안 되는데..!"

그 해 가을, 일본어 성경공부 반에서 A집사와 가까운 한 일본인이 A집사의 막내 아들이 병원에 입원했다는 말을 전해주었다. 집의 문에 새끼손가락이 끼며 잘렸다는 것이었다. 수술은 했지만 가망성이 없다는 얘기였다. 또 그 해 말, 나는 아침 신문을 펴 들고 놀라지 않을 수 없었다. 신문 앞면에 B집사의 회사가 천문학적인 숫자의 적자(赤字)를 내고 일본에서 물러난다는 대문짝만한 기사였다. 나는 다 잊고 있었는데, 주님은 안 잊고 계셨던 것이다. 하나님께서는 그 집사 부부의 언행심사(言行心思)를 다 보시고, 그대로 그들에게 갚아 주셨다.

내 사랑하는 자들아 너희가 친히 원수를 갚지 말고 하나님의 진노하심에 맡기라. 기록되었으되 '원수 갚는 것이 내게 있으니 내가 갚으리라' 고 주께서 말씀하시니라.(로마서 12:19)

남은 사람들...

후지산(富士山) 밑에 있는
YMCA 토잔소(東山莊)에서의 수련회를 마치고

2006년 6월말로 A집사 부부와의 관계는 완전히 정리되었
다. 그것은 현재 교회의 완전한 리모델링(remodeling)을 의미
했다. 다 정리하고 나니 평소 오후에 나와 교회를 옆에서 돕
던 이향주집사, 한 사람만 남았다. 사실 이향주집사는 남편
과 함께 오전에 다른 교회에서 예배를 드리고 오후에 이쪽
으로 건너와 도왔기 때문에 정식 멤버는 아니었다. 그러니
사실상 전(前) 교회는 없어졌다고 해도 과언이 아니었다. 그

러나 내 마음은 편하고 가벼웠다. 돈과 사람으로 교회가 운영되어지는 것이 아니기에, 새로운 시작을 생각하니 오히려 기뻤다.

새 교회의 첫 멤버는 이향주집사였다. 이향주집사는 남편이 회사 주재원으로 일본에 오면서 같이 왔는데, 개인적으로는 호흡기내과 전문의였다. 어떻게 보면 자신의 일이 있으니, 한국에 남았을 수도 있었는데, 남편을 따라 일본에 와서 평범한 주부요, 성도로 교회를 섬기고 있었다. 전에는 별로 같이 얘기할 시간이 없었는데, 교회를 새로 시작하게 되니, 이향주집사와의 대화가 거의 대부분을 차지하게 되었다.

그런데 얘기를 해나가면서 재미있는 사실을 하나 알게 되었다. 이향주집사가 나를 전에 본 것 같다는 것이다. 전에 이집사가 키타노마루(北の丸) 공원에 간 적이 있는데, 그때 우리 가족을 본 것 같다는 얘기였다. 나는 놀라 우리가 전에 키타노마루 공원에서 주일예배를 드렸다는 말을 했더니, 그럼 확실하다며 놀라워했다. 나도 그 말을 들으니 어렴풋이 기억이 났다. 왠지 한국사람 같은 분위기의 부부가 옆을 지나가면서 우리를 주시하는 듯한 느낌을 받았었다.

이집사는 남편과 함께 주일 예배를 드리고 근처에 있던 키타노마루 공원에 산책을 나왔었다고 했다. 이집사는 우리에게 말을 걸어보고 싶었지만 남편이 말려 그러지 못했노라고... 어쨌든 이 넓은 도쿄에서 그런 타이밍에 서로 스쳐 지나갔다는 것이 놀랍고 놀라웠다. 주님의 예비하심과 인도하심을 느낄 수 있었다.

두 번째 멤버는 마찌다(町田)에서 처음 만난 이은숙자매였다. 사실 우리가 히가시구루메(東久留米)로 이사간 후로는 거의 보지를 못했다. 그런데 지금 교회를 새로이 시작하려는 자리에 이 자매가 와있다니. 나도 놀랍기만 했다. 처음 만나 우리 집에서 같이 성경 공부하던 것이 벌써 2년 전이었다.

나는 인간적으로 교회를 새로 시작하니 아는 사람에게 와서 도와달라고 부탁하고 싶은 마음이 전혀 없었다. 더욱이 은숙자매가 사는 마찌다는 이곳 세타가야(世田谷)에서 차로 한 시간 정도 떨어져있는 곳이다. 그런데 연락도 없이 은숙자매가 6월말 마찌다 교회에서 알던 다른 자매 한 사람과 같이 우리 교회를 방문한 것이었다. 우연히 교회에 들린 타이밍이 교회를 새로 시작하는 때였기에 서로가 놀랍고 신기했다.

주께서 때가 되니, 미리 만나게 하셨던 사람들과 더불어 교회를 시작하도록 역사하신 것이었다. 오직 주님의 뜻과 계획으로 주님의 몸 된 교회가 시작됨을 다시 한번 깨닫게 되었다. 돈과 사람이 있어도 그 속에 주님의 뜻과 생명이 없다면 그것은 껍데기뿐인 교회가 될 것이다. 그러나 두 세 사람이라도 주님의 뜻과 말씀 안에서 하나 된다면 그것은 진정한 주님의 몸 된 교회가 될 것이다.

주께서 이곳에 세우길 원하셨던 교회가 바로 이러한 참 교회 임을 그제서 깨닫기 시작했다. 처음 이곳으로 올 것인가 말 것인가를 고민하고 있을 때, 왜 주님께서 이곳으로 강권하여 보내셨는지를. 주님께서 포도나무에 붙어 살아있는 포도가지는 살려두시고 병들어 말라 비틀어진 가지는 잘라 불에 던지실 것이다. 지금 이 교회가 그렇게 가지치기를 하며 새롭게 단장된 모습 같았다. 잎사귀며 덩굴이며 잔뜩 자리를 차지하고 있던 잡초들은 다 제거되고 생명의 줄기 만이 남겨진 것이었다.

오른쪽과 왼쪽에 한 사람씩을 붙여주신 주님은 뜨거운 여름을 후지산(富士山) 밑의 토잔소(東山莊)라는 캠프장에서 맞게 하셨다. 서울에서 방문한 네 명의 성도들과 함께 첫 여름 캠프를 열었다. 생명수의 강이 흐르는 곳에서 우리는 교회 첫 수련회를 통해 은혜의 생수를 함께 나눌 수 있었다.

내 안에 거하라. 나도 너희 안에 거하리라. 가지가 포도나무에 붙어 있지 아니하면 스스로 열매를 맺을 수 없음 같이 너희도 내 안에 있지 아니하면 그러하리라. 나는 포도나무요, 너희는 가지라. 그가 내 안에, 내가 그 안에 거하면 사람이 열매를 많이 맺나니 나를 떠나서는 너희가 아무 것도 할 수 없음이라. (요한복음 15:4-5)

하나님께서 주신 '불' 자동차

하나님께서 주신 불 자동차
차 옆에 불꽃 모양과 더불어 'burn' (불타다) 이라고 쓰여있다.

일본에 온 이후로 지난 2년간, 좀 힘들긴 했지만 전철을 열심히 잘 타고 다녔다. 전철노선도 어느 정도 익히고, 대중교통 속에서 느껴지는 선교지의 냄새도 맡으며 좋은 공부의 시간들이었다. 특히 일본은 도로 보다 철도가 발달되어 어느 곳이나 전철로 다니는 것이 빠르고 편할 정도로 친숙한 교통수단이다. 그럼에도 차가 많은 나라가 일본이다. 길은 한국의 반정도로 좁은데, 차는 많아서 항상 길은 붐비고 골목길은 부딪힐 정도로 아슬아슬하게 지나가야 한다. 아무리 전철이 잘 되어있어도, 역시 개인적인 필요로 차가 필요하기 때문이었다.

교회가 새로 시작되면서 필요한 것 중의 하나가 차량이었다. 지금까지는 그리 필요하지 않았는데, 이제 교회로 모이다 보니 필요성을 느끼게 되었다. 기도하면 주께서 다 예비하셨다 기에 평안한 마음으로 차를 찾기 시작했다.

사실 히가시구루메(東久留米)로 이사오면서 갑자기 눈에 띄는 차가 있었다. 밴(van)처럼 생긴 좀 큼지막한 차였다. 외형도 맘에 들었고 교회용으로도 적합할 것 같았다. 먼저 인터넷 옥션(auction)에서 중고차를 고르기 시작했다. 일반 중고차 가게보다 싸기는 했지만 천차만별의 중고차를 고르는 일이 그리 쉽지는 않았다. 어느 정도 맘에 드는 것은 비싸지기도 했고, 조건이 맘에 안 드는 것도 많았다.

중고차 옥션이긴 했지만, 무엇보다 경제적으로 넉넉지 못하다 보니 적절한 차를 정하는 것이 그리 쉽지 않았다. 그런데 어느 날 한국으로부터 100만원의 선교헌금이 들어왔다. 차를 산다고 특별한 부탁을 한 것도 아닌데, 주께서 때마침 응원군을 보내주신 것이었다. 더욱 힘을 얻어 열심히 차를 찾기 시작했다. 드디어 적합한 차가 눈에 띄였다. 8인승 밴으로 내가 원했던 차였다. 차의 상태나 조건도 괜찮았다. 다만 옥션이라 가격이 예산에 맞아 줄지가 문제였다.

옥션 마감 시간이 다 되어가는데, 생각보다 가격은 그리 오르지 않았다. 숨을 죽이며 기다리고 있는데, 갑자기 옥션이 중지되어 버리는 것이 아닌가! 알고 보니 가격이 너무 낮아 출품자가 옥션을 중지시킨 것이었다. 이 차를 노칠 수 없어, 개인적으로 전화를 했더니 좀 더 가격을 올려주면 팔겠다는 것이었다. 나는 흥정을 통해 적정한 가격을 만들어갔다. 생각보다는 높은 가격이었지만, 그만한 차를 구입하기에는 적정한 수준이었다. 조금 부담이 되었지만, 지금 사야 한다는 생각에 사기로 결정을 했다.

그런데 그때 캐나다 교회로부터 편지 한 통이 날라왔다. 우리가 캐나다에 처음 갔을 때, 그곳에서 예배도 몇 번 드리고 설교도 한번 한 적이 있는 교회였다. 나는 편지 봉투를 열어보고는 주님을 찬양했다. 그 봉투 속에는 선교헌금 $1,200달러가 수표로 들어있었다. 전혀 예상치 못했던 곳으로부터의 헌금이었다. 그 교회에 연락한 적도, 더더욱 차를 산다는 것은 얘기를 한 적도 없었다. 그런데 주님께서 정확한 시간에 필요한 돈을 보내주신 것이었다.

나는 주님을 찬양하며 그 차를 여유 있게 구입할 수 있었다. 그 차는 일본 닛산(Nissan)이라는 회사에서 만든 '에르그란도'(Elgrand)라는 차량이었다. 'Elgrand'는 스페인어로 [El(=the, 관사)+ grand(=large and impressive, 크고 웅장하다)] 크고 웅장하다는 뜻으로 차의 모습을 잘 대변해주고 있다. 그런데

나는 하나님께서 주신 그 차의 이름을 나 나름대로 재해석
해보았다. 'El'은 히브리어로 하나님을 가리킨다. 그리고
'grand'는 크고 위대하다는 뜻. 따라서 'El+grand'는 '위대
하신 하나님'이라는 뜻이 된다. 우리에게는 더할 나위 없는
타이틀이 아닐 수 없었다.

   이 밴의 색깔은 진주 흰색이었고, 차 옆면에는 불꽃 그림
의 스티커가 붙여져 있었다. 그리고 스티커에는 영어로
'burn'(불이 타다)이라는 글자가 쓰여 있었다. 성령의 불꽃이
타오르는 것처럼 느껴졌었다. 그야말로 주님이 주신 성령의
'불' 자동차가 아닐 수 없었다. 주께서 예비해주신 교회 차
량은 그 이후 불꽃을 휘날리며 일본을 달렸다.

   마치 불의 혀처럼 갈라지는 것들이 그들에게 보여 각 사람
   위에 하나씩 임하여 있더니...(사도행전 2:3)

2006년 11월

중앙으로의 입성

2006년 11월 1일 이사하여 들어간 아파트
정면으로 보이는 건물왼쪽 3층이 우리 집

　지난 5월 도쿄도(東京都)에서 운영하는 아파트에 대한 정보를 듣고 신청하여 7월 3:1의 경쟁률을 뚫고 합격(?)하였다. 주님의 인도하심을 확신하였기에 추첨 같은 것은 생각도 하지 않았다. 주님이 주시는 것이니 당연히 받기만 하면 된다고 생각했기 때문이었다. 지금 생각해도 참으로 신기할 정도로 아무 의심도 흔들림도 없었다.

　아파트 입주는 11월 1일로 날짜가 잡혔다. 히가시구루메

(東久留米)로 이사온 지 일년 반 만에 다시 새로운 지역으로 옮기게 된 것이다. 일본에 온지 2년 반 만에 두 번째 이사를 하게 됐다. 지도를 보니 첫 번째 마찌다(町田), 두 번째 히가시구루메, 세 번째 세타가야(世田谷)의 세 점이 또 다른 정삼각형을 이루는 것이었다. 또 다른 하나님의 트라이앵글을 보는 것 같아 웃음이 지어졌다.

1992년 3월 결혼 후부터 지금까지 생각해보면, 거의 일년에 한번씩 이사를 해온 것 같다. 심지어 캐나다에 있었던 2년 사이에도 한번 이사를 했으니, 그 원칙(?)이 깨지지 않았던 것 같다. 일본에 와서도 그 원칙을 따라 이사하는 것 같아 주님의 인도하심이 놀라울 뿐이었다. 한 곳에 정착하지 못하고 이곳 저곳을 옮겨 다녔던 초기 이스라엘 백성들의 삶처럼 목자만을 바라보고 따르도록 양 된 우리들을 인도하시는 것만 같았다.

히가시구루메로 온지 두 달 만에 주님은 "중앙으로 가라!"는 말씀을 주셨었다. 이제 그 말씀에 의지하여 중앙으로 진출한지 일년이 되어 우리의 주거지도 중앙으로 옮기게 된 것이다. 단순히 서민 임대 아파트에 당첨되어 빈자리로 들어가는 것이 아니라 주께서 명령하신 대로 중앙을 향해 내디뎠던 우리의 발걸음을 마땅히 머물러야 할 곳으로 인도해 주신 것이었다.

주께서 "중앙으로 가라!"는 말씀을 주셨을 때, 다른 두 가지의 말씀을 더 주셨는데, 하나는 "너는 이제부터 먼 여행을 할 것이니, 성령의 기름을 준비하라"는 것과 "모든 일들이 자동적으로, 자연적으로 이루어질 것이다"라는 두 가지의 말씀이었다.

지금 2013년이 되어 생각해보면, 진정 우리는 긴 여행을 하고 있는 기분이다. 먼저는 매년 이사를 해오던 원칙을 깨고 우리는 지금 세타가야구에서 7년째 살고 있다. 언제 이사를 그렇게 다녔나 할 정도로 이제는 짐 싸는 것도 잊어버릴 정도가 되었다. 물론 지금 살고 있는 곳이 종착역이 아니기에 언제든 떠날 준비를 마음에 하고 있다. 그러나 주님이 떠날 신호를 주실 때까지는 여유 있는 여행을 좀 더 계속할 생각이다.

또 하나 "모든 일들이 자동적으로, 자연적으로 이루어질 것이다"라는 말씀은 알 것 같으면서도, 뭐랄까? 막연한 뉘앙스가 있는 것이 사실이다. 가만 있으면 모든 것이 자동적으로 이루어진다는 것인지? 시간이 가면 모든 것이 자연적으로 된다는 것인지?

자동적이라 함은 기계장치가 되어있는 어떤 물건의 스위치를 눌렀을 때, 그 기계 스스로가 작동된다는 뜻일 것이다. 일본에 특히 많은 것 중에 하나가 자동문이다. 어느 곳을 가든지 거의 자동문이다. 사람이 문에 가까이 가면 감지(感知) 장치가 신호를 보내 문이 자동으로 열리도록 만든 것이다.

주께서 우리를 인도하실 때 명령하신 길로 가기만 하면 문이 자동적으로 열릴 것이다. 여기에 믿음의 순종이 있다.

자연적으로 이루어진다는 것은 밭에서 농사를 짓는 농부의 모습이 떠오른다. 농부만큼 자연의 섭리를 피부로 느끼는 사람도 많지 않으리라 생각된다. 봄이 되어 밭을 일군 후 깨알 같은 씨앗을 땅 속에 뿌리고 나면, 사실 할 일이 다 끝났다 해도 과언이 아닐 것이다. 비료를 준다든지 벌레를 잡아준다든지 하는 것은 악화된 환경 탓이지, 생명을 자라게 하는 본질적인 것은 되지 못한다. 농부는 그저 땅 속에 심겨진 씨앗이 자연의 섭리를 따라 싹이 나고 뿌리를 내려 잘 자라기만을 기다리면 되는 것이다. 여기에 믿음의 인내가 있다.

> 나는 심었고 아볼로는 물을 주었으되 오직 하나님께서 자라나게 하셨나니, 그런즉 심는 이나 물 주는 이는 아무 것도 아니로되, 오직 자라게 하시는 이는 하나님뿐이니라.(고린도전서 3:6-7)

3장

일본의 중앙으로

네가 어디에 사는지를 내가 아노니
거기는 사탄의 권좌가 있는 데라
요한계시록 2:13

마지막 구원의 티켓

교회 야외 예배에 참석한 마유미상 가족
왼쪽부터 마유미상, 장남 라이언, 남편 추상, 차남 마틴

2006년 세타가야구(世田谷區)에서의 사역이 시작된 후, 주중 일본어 성경공부도 함께 시작하였다. 한국인 성도들이 주위의 아는 일본인들을 권유하여 성경공부를 시작한 것이다. 그때만 해도 아직 일본어가 능숙하지 못하여 성경공부를 인도하는 것이 쉽지는 않았다. 하지만 성경 말씀을 체계적으로 가르치는 것이니 미리 준비만 하면 그렇게 어려운 것도 아니었다.

2006년 7월 교회가 새롭게 되면서, 이향주집사를 중심으로 주위의 일본인들을 다시 모아 성경공부를 시작하였다. 전에보다 훨씬 편하고 성경공부도 재미있었다. 하면 할수록 탄력(彈力)을 받아 성경을 가르치기도 쉬워졌다. 처음부터 성경공부에 참석했던 일본인 중 마유미(眞弓)상이라는 자매가 있었다. 다소곳하고 조용한 자매였다. 성경공부는 주로 이향주집사 집에서 모였으나, 시간이 가면서 다른 사람들도 자신의 집을 오픈 하기 시작했다. 마유미상도 자신의 집으로 우리를 초대했다. 아들들이 다니는 학교 옆 서양식 단독 주택이었는데, 우리는 넓은 식당에서 차를 마시며 즐겁게 성경공부를 할 수 있었다. 허브 차의 향기로운 내음처럼 성경말씀의 향기도 점점 피어 오르기 시작했다.

　2006년 10월 19일 그날도 마유미상 집으로 성경공부를 하러 갔는데, 어느 할머니 한 분이 와 계셨다. 마유미상의 시어머니 야마시타(山下)상이란 분이었다. 곱게 늙으신 참한 분이셨다. 아들네에 놀러 오셨다가 마유미상의 권유로 우리를 만나게 된 것이었다. 차를 마시며 얘기를 나누어보니, 할머니께선 당뇨병으로 몸이 그리 건강하지 못한 상태였다. 그러나 얼굴은 새색시처럼 환하게 웃으며 자신은 병에 끌려 다니지 않고, 먹고 싶은 것 맛있게 먹으며 즐겁게 산다고 하셨다. 옆에서 며느리 마유미상은 그래서 걱정이 된다면서도 시어머니가 싫지 않은 눈치였다.

아마도 그날 시어머니를 위해 나를 만나게 하였던 것 같았다. 나는 할머니의 연세와 건강을 보며 마지막 준비를 해드리고 싶었다. 나는 어느 정도 얘기가 끝난 후, 할머니께 단도직입(單刀直入)적으로 물었다.

"야마시타상은 지금 죽으면 천국에 갈 확신이 있으십니까?"

사실 처음 만난 할머니께, 그것도 병환을 갖고 있는 분에게 드리기에는 좀 죄송한 질문이었다. 그러나 사실 그럴수록 더 급한 메시지가 바로 구원에 대한 말씀이었다. 야마시타 할머니는 갑작스런 질문에 당황하면서도 빙그레 웃으셨다. 나는 재차 다시 같은 질문을 했다. 그랬더니 잘 모르겠다며 다시 웃으셨다.

야마시타상은 성당에 다니기는 했는데, 구원에 대해선 잘 모르고 있는 것 같았다. 나는 간단히 구원에 대한 말씀을 드렸다. 누구나 자신의 죄를 회개하고 예수 그리스도를 구세주로 믿어 마음 속에 모셔 들이면 된다는 지극히 간단한 내용이었다. 나는 야마시타 할머니께 천국에 가고 싶으시냐고 물었더니, 그렇다고 웃으면서 대답했다. 나는 할머니께 내가 하는 말을 따라서 기도하자고 했다.

"하나님, 저는 죄인입니다. 저의 모든 죄를 예수님의 피로 용서해주세요. 예수님을 구주로 제 마음 속에 모셔 들입니다. 제가 이 세상을 떠날 때 천국에 들어갈 것을 믿습니다.

예수님 이름으로 기도 드립니다. 아멘!"

야마시타 할머니는 또박또박 잘 따라 하셨다. 우리는 웃으며 대화를 마쳤다. 그 후 두 달 정도 되었을까, 마유미상으로부터 연락이 왔다. 시어머니께서 돌아가셨다는 것이다. 아무래도 당뇨병이 심화되어 노구(老軀)가 견디지 못했던 것 같았다. 참으로 놀랍고도 감사했다. 주께서 사랑하는 노년의 딸을 살리시고자 우리를 만나게 하셨고, 그 자리에서 죽음을 미리 준비케 하셨던 것이었다. 두 달 전 그 자리가 바로 마지막 구원의 티켓을 받는 자리였던 것이다.

마유미상 부부는 우리 집으로 나를 찾아와 장례식을 부탁한다고 했다. 일본에서 처음으로 장례식을 주관하게 되었다. 스님들의 목탁소리와 절의 향냄새가 진동하는 일본의 장례식장에서 나와 아내 그리고 이향주집사와 이은숙자매는 소리 높여 하나님을 찬양하며 천국으로 가신 야마시타상을 인하여 감사했다.

하나님은 모든 사람이 구원을 받으며 진리를 아는 데에 이르기를 원하시느니라. (디모데전서 2:4)

일본의 그루터기 유아사 아사상

유아사상의 생신파티
왼쪽이 유아사 아사상. 오른쪽은 남편 유아사상

   2007년 초부터 우리 교회에 나오게 된 크라모치(倉持)상이
란 자매가 있었다. 50대 중년의 독신 여성이었다. 은숙자매
의 소개로 우리와 만나게 된 그녀는 자신의 인맥을 통해 이
사람, 저 사람을 소개해주었다. 그 때 처음 만난 사람이 '유
아사 아사'(湯淺アサ)상이라는 할머님이었다.

   유아사상은 80이 가까운 노년에 노환으로 발을 쓸 수가
없어 항상 휠체어 생활을 하고 계셨다. 그래도 처음 본 인상

은 수줍은 소녀의 얼굴을 하고 계셨다. 대화를 하면서 느낀 것은 외유내강(外柔內剛)이라는 말이 머리에 떠올랐다 작은 체구에 소녀 같은 미소를 띠고 있는 모습이지만, 그 속에는 천하장사와 같은 믿음의 용기가 충만해 있었다.

유아사상은 젊어서 가진 신앙을 따라 평생을 한 길로 달려 오신 믿음의 사람이었다. 우상과 불신이 강한 일본 땅에서 팔십 평생을 사시며 오뚝이처럼 넘어지지 않고 강인한 정신 력을 가지고 있을 수 있는 것은 오직 믿음의 힘 때문이었다.

한번은 외아들에 대한 얘기를 들려주셨다. 아들이 어렸을 때, 헤르니아(hernia, 내장 탈출증)에 걸려 고통을 당하였다고 했 다. 유아사상은 곧장 주께 기도했고 주께서 고쳐주신다는 응 답을 받고는 병원에도 가지 않았다고 했다. 오직 기도하며 주의 때를 기다려 3년 만에 아이는 고침을 받았다고 했다.

세상적인 눈으로 보면, 맹신(盲信)적이고 광신(狂信)적으로 보일지도 모르겠다. 아니 보통 교회 안에서도 그런 믿음에 대한 비판적인 모습을 보게 된다. 그러나 맹신이나 광신은 뭘 모르고 미쳐 날뛰는 모습이요, 한마디로 귀신들린 자의 모습이 아닐 수 없다. 그러나 유아사상은 아이 엄마로서의 간절함을 전지전능하신 하나님께 맡기고 끝까지 주를 기다 려 응답을 받은 것이었다.

흔히들 기도응답이 더디고 인색하다며 주님을 탓할 때가 많다. 그러나 그것은 거꾸로 자신들의 믿음이 부족하고 끝까지 인내하는 참 신앙이 없기 때문이다. 주님은 인내로서 진짜 신앙을 구별해 내신다. 주님은 눈에 보이는 것보다 눈에 안 보이는 영원한 것을 주려고 하신다. 우리 인간들 조차도 세월을 참된 가치의 시금석(試金石)으로 보지 않는가?

유아사상은 60년대 한국과 이스라엘을 방문한 적이 있다고 했다. 일찍이 신앙의 물결을 타고 한국에서는 일본의 어두움에 대해, 이스라엘에서는 일본의 부흥에 대해 큰 도전과 비전을 받았다고 했다. 나는 간증을 들으며 일본에도 이런 신앙의 사람이 있었구나 하는 놀라움과 반가움이 함께 몰려왔다.

주께서 이 땅에 남겨놓으신 믿음의 그루터기가 분명했다. 그 옛날 자신들의 신앙을 지키기 위해 모진 고문과 핍박에도 굴하지 않고 믿음으로 승리했던 이 땅의 순교자들을 생각해보게 된다. 지금은 팔백만 우상의 나라요, 가장 척박한 선교지로 악명을 떨치고 있지만, 한 때는 은혜의 생수가 흘러갔던 땅이었다. 무성했던 큰 나무가 베임을 당해 온데 간데 없이 없어졌을지라도 그 뿌리가 남아 새로운 생명의 씨를 보전하고 있듯이, 유아사상은 이 땅의 거룩한 씨로 주께서 지켜오신 것이었다.

우리는 한 달에 한번씩 유아사상 댁을 방문하여 같이 교제하고 기도하는 시간을 가졌다. 앞의 사진은 2008년 3월 5일 유아사 아사상의 남편 되신 유아사상의 80회 생신을 맞아

축하하며 찍은 것이다. 할아버지 유아사상도 어린 아이처럼 순박한 웃음으로 우리를 맞아주시고 함께 은혜에 참여해주셨다. 같은 해 10월 17일에는 결혼 50주년을 맞아 다시 한번 큰 기쁨으로 축하하는 시간을 가졌다. 주의 축복이 주의 가정 위에 넘치시길...

그 중에 십분의 일이 아직 남아 있을지라도 이것도 황폐하게 될 것이나 밤나무와 상수리나무가 베임을 당하여도 그 그루터기는 남아 있는 것 같이 거룩한 씨가 이 땅의 그루터기니라. (이사야 6:13)

아니 승자가 왜?

2007년 처음 일본을 방문한 승희자매와 함께
역시 젊어서 그런지 손으로 V자를 그리고 있다.

2006 년 여름, 후지산(富士山) YMCA 토잔소(東山莊) 캠프장
에서 첫 여름 수련회를 가진 후, 2007년도에도 같은 장소에
서 수련회를 갖게 되었다. 작년에도 참석했던 유덕순집사가
새로운 한 사람을 데리고 온다는 것이었다. 누구냐고? 했더
니 한승자자매라고 했다. "아니 승자가 왜?" 내 입에서 튀어
나온 첫마디였다.

승자는 내가 한국에서 목회할 때 대학생이었던 자매였다.

교회의 중진이었던 안수집사 내외의 딸이었는데, 신앙생활은 그리 잘하지 못했다. 그저 주일 오전예배에 참석하고 사라지는 것이 다였다. 그나마 얼굴 보기 힘든 날도 많았다.

그런 승자가 일본에 온다고 하니 내 귀를 의심했다. 더욱이 내가 2001년 교회를 떠난 후로는 연락이 전혀 없었기 때문에 더욱 놀랄 수 밖에 없었다. 예상치 못한 일에 나는 주의 인도하심이 궁금했다. 승자는 그간 '승희' 로 이름을 바꿨다고 했다. 원래 태어날 때 붙여진 이름이 승희였는데, 잘못 등록되는 바람에, 늦게나마 본 이름을 찾았다고 했다. 승희는 아주 오랜 만에 그것도 개인적으로 얘기해보기는 거의 처음 같았는데, 서글서글하니 얘기도 잘했다.

승희는 그간 결혼도 하고 가정도 꾸렸지만, 남다른 고민이 있었다. 아이가 없었던 것이다. 남들은 아이가 너무 잘 들어서서 문제인데, 승희는 아무리 기다려도 아이가 들어서질 않았다. 결국 병원에까지 가서 인공수정(人工受精)등 할 수 있는 방법을 다 동원하기에 이르렀다. 적잖은 기간 몸과 마음이 많이 피곤해진 것 같았다. 그때 옆에 있던 유집사가 일본에 간다고 하니 바람도 쐴 겸, 오랜만에 이항봉 목사가 갑자기 보고 싶어졌었는지도 모르겠다.

마음이 가난해지니, 은혜의 줄기를 찾아 본능적으로 몸이 움직인 것 같았다. 물론 주께서 승희에게 은혜를 주시고자 이미 작정하시고 계획하신 발걸음이었다. 승희와의 대화는 마치 어린 아이와 대화하듯 솔직하면서도 듣기만해도 웃음 나오는 질문형 대화가 계속 되었다. 그간 어려서부터 신앙생활을 해왔지만 그냥 교회를 다닌 것이지, 성령 안에서의 믿음과는 거리가 먼 생활이었기 때문이었다. 승희가 쏟아놓는 질문이며 하나님을 향한 불만성 발언은 나와 대화를 해나가며 조금씩 녹아 내리는 것 같았다. 그러나 무엇보다 은혜 밖에 있었던 승희가 이제 은혜 안에 발을 들여놓은 것 같아 정말 기뻤다.

에덴동산에서 하와가 먼저 선악과를 따먹고 남편 아담에게 주었다는 대목은 깊이 생각해보아야 할 문제이다. 지금 우리의 신앙생활에도 깊이 연관되어 있기 때문이다. 하나님께서 아담에게 돕는 배필로 주셨던 하와가 진정 그 역할을 다하여 아담이 선악과를 먹지 못하도록 도왔다면 얼마나 좋았을까? 그러나 하와는 오히려 금지된 선악과를 자신이 먼저 먹는 불순종을 저지르고, 또 남편에게도 그 불순종의 선악과를 건네 먹게 하였다. 분명 받아먹은 아담의 잘못도 크지만 아내인 하와의 잘못은 더 크다고 할 수 있다. 그래서 하나님께서는 뱀 다음으로 큰 형벌을 여자에게 주셔서 지금도 해산의 고통을 짊어지게 하신 것이 아닌가...

그런데 승희는 바로 여자들이 짊어져야 할 그 고통을 느껴보지 못하는 것으로 인해 오히려 고통을 당하고 있었던 것이다. 해산의 고통 보다 창조주의 선물인 새 생명으로 인한 기쁨이 더 크기 때문이 아니었겠는가? 해산의 고통은 하와의 불순종을 깨우쳐주시는 일종의 경종(警鐘)이었다. 그런데도 지금 다시 그 불순종을 아무 생각 없이 저지르고 있다면 하나님 아버지의 마음은 어떠실까? 주님은 그 해산의 고통을 앗아가 버리심으로 인해 거꾸로 불순종의 깨달음을 주려 하시는 것이 아니였겠는가? 하나님께서 부부를 통해 원하시는 것은 경건한 자손이라고 하셨다.(말2:15) 하나님께서는 승희가 이제 바른 가정과 자손을 가질 수 있도록 연단을 시작하신 것이었다. 성경 속의 많은 신앙의 여인들처럼.

말씀을 듣고 기도하는 시간에 성령께서 승희자매에게 임하셨다. 마치 봇물이 터진 것처럼 자매의 눈과 입으로부터 은혜의 생수가 터져 나오기 시작했다. 대화하며 왜 기도할 때 소리를 지르면서 하는지 이해를 못하겠다던 승희가 제일 크게 소리 내서 기도하고 있었다. 그간 쌓였던 죄악의 앙금(鴦衾)이 입으로부터 쏟아져 나오는 것 같았다. 승희의 기도에 누구보다 기뻐하실 분은 창조주 하나님 아버지이셨을 것이다.

> 나는 은혜 베풀 자에게 은혜를 베풀고 긍휼히 여길 자에게
> 긍휼을 베푸느니라.(출애굽기 33:19)

급하고 강한 바람처럼

신주쿠(新宿)에 있는 도쿄(東京) 도청의 45층 스카이라운지에서

    2007년 초 아는 사람을 통해 일본인 한 사람을 소개 받았다. 이름은 마키(麻紀), 20대 중반의 자매였다. 이 자매는 한국 문화가 너무 좋아 한국을 쫓아다니는 한류(韓流)팬의 한 사람이었다. 심지어 한국에까지 가서 어학당을 다니며 한국어를 배웠다고 했다. 내가 만난 일본인 중에서는 한국말을 잘하는 편에 속했다.

    그 자매는 한국에서도 교회를 다녔고, 지금 일본에서도 한국인 교회를 다닌다고 했다. 이쯤 되면 열성적인 한류 팬으로 인정해 줄만 하다. 마키자매는 한국어 성경공부가 하고 싶어서 나에게 연락을 한 것이었다. 나에게 개인적으로 성경을 가르쳐 달라고 부탁했다. 나는 특별히 거절할 이유가 없어서 그러자고 승낙을 했다.

마키자매와의 성경공부가 우리 집에서 시작되었다. 매주 한번씩 일을 마치고 공부하기로 했다. 저녁때 집에서 하다 보니 자연히 저녁을 같이 먹게 되었다. 보통 일본인들은 남의 집에서 식사하는 것을 폐를 끼친다고 하여 극히 꺼려하는 편인데, 이 자매는 너무 좋아했다. 한마디로 한국인과 함께 식사하며 교제하는 것을 즐기는 사람이었다. 어떻게 보면 성경공부보다도 한국사람과 함께 교제하는 것을 더 좋아하는 듯도 싶었다.

성경공부를 해나면서 그 자매의 마음을 조금씩 읽을 수 있었다. 집에서는 아버지와 얼굴도 안볼 정도로 사이가 안 좋다고 했다. 이유는 아버지가 너무 엄격해서 항상 명령조라 그게 너무 싫다는 것이었다. 그런 면에서는 한국인의 따스한 정이 이 자매의 마음을 치료해주나 보다 라는 생각도 들었다. 우리 집에 오는 것을 얼마나 좋아했는지, 한번은 퇴근 후 우리 집으로 오던 중 육교에서 발을 헛디뎌 접질렀다는 것이다. 그래서 그날은 오지를 못하고 그 다음주에 왔는데 여전히 절뚝거리며 불편한 다리 그대로였다. 좀 쉬어야 할 것 같은데, 더 쉴 수 없다는 것이었다.

한번은 자신이 다니던 교회 얘기를 하면서 조언을 부탁했다. 일본에 있는 어느 한국인 교회의 청년부에 다녔는데, 왠지 자기에게 거리감을 두고 대하는 것 같아 불편하다는 얘기였다. 아무래도 한국인 교회에 일본인이 오면 언어나 문화 문제로 잘 섞이지 못한다. 그래서 보통 일본어 예배가 따로 있는데, 문제는 이 자매가 꼭 한국어 예배를 드리고 싶다는 것이었다. 그래서 한국어 청년예배를 가면 왠지 자기 보다 새로 온 사람들에게 더 신경을 쓰고 잘해주는 것 같다고 했다. 어떻게 보면 당연한 얘기인데, 이 자매에게는 상처가 되었다. 그래서 청년부의 리더급 형제가 특별히 이 자매를 관리해주었는데, 마키자매는 그 자체가 싫다는 것이었다. 그러니 어떻게 하면 좋겠냐는 것이었다.

나는 이 자매가 집에서 받은 상처들을 교회에서 보상받으려는 구나 하는 생각이 들었다. 따스한 정과 사랑이 있는 교회에서 자신을 폭 감싸 안아 주었으면 하는 마음 같았다. 그러나 그러기에는 자매의 마음이 너무 이기적으로 기울어져 있었다. 그렇다 보니 지금은 그 교회도 안 나가고 있다고 했다. 그래서 내가 그럼 우리 교회에 나오라고 권면했다. 그랬더니 여기는 또래의 친구들이 없어 싫다는 것이었다. 결국 구원의 주가 되시는 예수님을 만나고 그분 안에서 모든 것이 치료되고 회복되어지는 은혜는 모르고 자신이 원하는 것

만을 얻겠다는 자기 중심적 태도였다.

　시간이 반 년 이상 흘러, 더 이상 밑 빠진 독의 물붓기식 성경공부는 그치고 먼저 구멍 난 독을 고쳐야겠다는 생각에 핸드폰으로 문자 메시지를 보냈다. 첫째는 주일을 쉬지 말고 잘 지키라는 것과, 둘째는 교회는 주님의 몸이니 교회의 일원이 되라는 것과, 마지막 셋째는 지금까지 만나 교제한 것도 주의 인도하심이니 우리 교회로 나오라는 것이었다.

　그러나 이 메시지를 보낸 후 그 자매로부터 더 이상 연락은 없었다. 결국 자기의 길로 가기로 결정한 것이었다. 연락이 끊기기 얼마 전 우리 집에서 빌려간 책이 하나 있었다. 동티모르[東Timor, 말레이제도 동쪽 끝 티모르 섬 동부에 있는 신생독립국]의 부흥을 그린 멜 테리(Mel Tari) 형제의 '급하고 강한 바람처럼' 이란 책이었다. 조금이라도 뜨거운 은혜 가운데 진정한 주의 제자로 거듭나기를 원했는데, 유감스럽게도 그러지를 못했다. 그 자매는 '급하고 강한 바람처럼' 어디론가 사라져 버렸다.

　데마는 이 세상을 사랑하여 나를 버리고 데살로니가로 갔고 그레스게는 갈라디아로, 디도는 달마디아로 갔고...(디모데후서 4:10)

주리상과의 이별

일본어 성경공부 팀 이향주집사 집에서의 모임
맨 왼쪽이 마유미상, 오른쪽 세 번째가 이향주집사

2006년 7월 세타가야구(世田谷區)에서의 첫 번 사역에 태풍이 지나간 후 알곡처럼 교회에 남은 자가 앞서 말한 이향주 (李香株)집사였다. 이집사는 한국에서 호흡기 내과 전문의로 일하다 남편의 일본 지사 발령과 더불어 일본에 오게 되었다. 소위 말하는 전문직 여성으로서 상당한 희생을 감수하고 가정을 위해 헌신한 것이었다. 사실 요즘 흔히 볼 수 있는 이지적(理智的)이면서 이기적(利己的)인 현대 여성상과는 조금

거리감이 있는 타입이 이향주집사였다. 그러기에 태풍 속에서도 교회에 남을 수 있는 심지(心志)가 있지 않았나 싶다.

먼저는 이향주집사 집에서 일본어성경공부가 시작되었다. 향주집사가 자신의 집을 오픈 하여 교회처럼 사용하였다. 공부 후 식사며 연락이며 적극적으로 주의 일에 헌신하였다. 일본어 성경공부를 하며 재미있었던 한가지는 일본에서는 보통 성(姓)에다 상(さん, 한국어의 누구 '씨' 에 해당)을 붙여서 부른다. 그러나 성경공부 팀에서는 친근하게 이름에 상(さん)을 붙여 부르곤 했다. 이를테면, 앞에 나왔던 '마유미'(眞弓)상도 성(姓)이 아니라 이름이었다. 이향주집사는 '주리' 상이라고 불렀다. 향주집사의 아들도 마유미상 아들들이 다니던 '세인트 메리즈 인터내셔날 스쿨'(St. Mary's International School)을 다녔는데, 그곳 학부모들은 공용어인 영어를 사용하는 바람에 영어 식으로 '향주리'로 불렀고, 편하게 부른다는 것이 그냥 '주리' 상으로 불리게 됐다고 했다. 어감도 영어 이름과 비슷해서 더욱 굳어지지 않았나 싶다.

나는 주리상과 성경공부를 해갈수록 더욱 진정한 헌신자로 거듭날 것을 촉구했다. 먼저는 교회의 중심멤버로 교회를 섬기며 성경말씀을 통하여 영의 양식을 공급받고 있다면 당연히 이 교회 예배에 참석하라고 했다. 당시 주리상은 남편과 함께 다른 교회에 다니고 있었다. 여기든 저기든 자신이 헌신할 한곳을 택하라는 주문이었다. 주리상은 한동안 고민하더니 이 교회에 뿌리를 내리기로 결단하고부터 주일 오전에 나오기 시작했다. 본격적인 주의 한 몸으로서의 역할이 시작된 것이었다.

주리상의 가족은 전에도 일본에서 생활한 적이 있었는데, 특히 남편이 일본을 좋아해서 노년(老年)에도 일본에서 지내고 싶어한다고 했다. 그렇게 주리상의 일본 생활은 그리 힘들지 않게 지나가는 듯 했다. 그러던 중 특별히 하는 일이 없었던 주리상에게 새로운 목표가 생겼다. 일본 의사 면허를 취득하는 것이었다. 아마 남편의 노후에 대한 꿈도 한 몫하지 않았나 싶다. 어쨌든 일본 의사면허를 따기 위해서는 먼저 의사시험을 보아야 했다. 한국에서 이미 전문의자격을 가지고 있었지만, 일본에서는 인정이 되지 않았던 것이다. 주리상은 일본선교를 위해 도구로 사용될 수 있도록 기도해 달라고 했다. 우리는 기대와 소망을 가지고 기도하기 시작했다.

더욱이 그 즈음 주리상 남편이 일본에 집을 사고 싶어한다고 했다. 그것도 그냥 해본 말이 아니라, 실제 집을 사서 노후를 대비하는 실제 계획을 세웠던 것 같았다. 그리고 얼마후 당시 살고 있던 집에서 그리 멀지 않은 곳에 맨션(mansion, 고급아파트)을 구입하였다. 정말 하나 하나가 일본선교를 위해 진행되어지듯이 너무 순조로웠다. 그런데 첫 번 의사고시에서 그만 불합격을 하고 말았다. 의학적인 면에서는 성적이 충분했으나 역시 일본의 의료행정 같은 분야에서 점수가 부족했던 것이다. 주리상은 평소처럼 담담하게 내년에 다시 도전해 보겠노라고 했다. 나는 좀 더 기초를 단단히 하시고자 주께서 일하는 것이라 믿고 또 그렇게 권면했다.

주리상은 그 다음 해에 있을 의사고시를 위해 전문학원에 다니며 본격적으로 공부하기 시작하였다. 그럼에도 주중 성경공부와 주일사역은 변함없이 열심을 내었다. 나도 지금까지 성경을 가르쳐본 중 가장 열정과 애정을 가지고 제자를 키우듯 정성을 드렸던 것 같았다. 선교지에 부름 받아온 선교사가 선교지와 선교사를 이해하고 삶을 드려 헌신할 때 가장 기쁘고 또 귀하게 여기게 되는 것은 당연하지 않나 싶다. 그렇게 주리상은 스폰지가 물을 빨아들이듯이 하나님의 말씀을 머리와 가슴으로 잘 받아들였다.

드디어 일년의 시간을 기다려 2008년 3월 일본 의사고시의 결과가 나왔다. 주리상은 핸드폰으로 기쁨의 소식을 전해 주었다. 합격이었다! 나와 아내는 달려가 주리상의 합격을 축하해 주었다. 주리상은 대화하면서 앞으로 일반병원에서 2년간 연수를 받아야 정식 의사로써 개업할 수 있다고 했다. 이미 호흡기내과라는 전문분야가 있어서 그쪽으로 일할 수 있는 좋은 병원도 소개받았다고 했다. 모든 일을 순탄하게 인도해주시는 주님께 감사할 뿐이었다. 이제 주리상은 일본에서 선교사 못지않은 교회의 일군으로 더욱 헌신하게 될 것을 의심하지 않았다.

주리상은 우리와 같은 해인 2004년도에 일본에 왔는데, 남편이 1년을 연장 받아 2008년 6월에 임기가 끝나는 것으로 되어 있었다. 그런데 의사고시 발표가 난 후 6월이 가까워 올수록 주리상의 표정이 밝지를 못했다. 얘기를 들어보니 남편이 6월에 같이 한국으로 돌아가자고 한다고 했다. 처음에는 아내가 일본에서 의사로 활동하고 본인이 일본을 자주 오는 것으로 계획을 세워서 집까지 산 것이었는데, 막상 때가 되니 마음이 달라진 것이었다. 아이들은 남겨둬도 아내는 데리고 가야겠다는 것이었다.

일반적으로 생각하면 이해 못할 일이 아니다. 아니 당연히 아내가 남편을 따라 한국으로 돌아가야 할 것이다. 그러나 지금까지의 과정을 생각해 보면, 손바닥 뒤 짚듯이 그렇게 쉽게 되돌릴 일이 아니었다. 나는 무엇보다 지금까지 인도해주신 주님의 말씀으로 주리상을 권면했다. 믿음 없는 남편은 쉽게 마음을 바꿀 수도 있다. 그러나 하나님의 말씀과 은혜를 받은 주리상은 믿음으로 앞을 향해 발을 내디뎌야 한다는 내용의 말씀을 만날 때마다 들려주었다. 주리상은 많은 장점을 가지고 있었지만, 단 하나 남편에 대해 마음이 약하다는 것이 약점이라면 약점이었다.

나는 한번도 주리상에 대해 사회적인 레벨이나 경제적인 기준으로 편견을 가진 적이 없다. 이상하게 들릴지 모르지만 일본 땅에 선교사의 사명을 받아온 나에게 한 사람이든, 열 사람이든, 백 사람이든, 숫자만으로는 큰 의미가 없었다. 내게 중요한 것은 진짜 믿음의 사람, 한 사람 한 사람이 중요했다. 하나님께서 십 년 전 나를 선교지로 부르시고 지금까지 인도해오신 주님의 손길을 생각해보면, 오직 믿음 외에는 주님을 기쁘시게 할 수 없다는 것을 누구보다 내 자신이 절실히 깨닫고 있었기 때문이었다.

나는 다만 주리상이 분명한 하나님의 인도하심에 불순종하지 말고 순종할 것을 바랬다. 그러나 주리상의 빛은 점점 어두워지더니 결국은 빛을 감추어 버렸다. 마지막에는 목사님의 가는 길이 다르고 나의 가는 길이 다르다며 선을 그었다. 마치 코너에 몰린 쥐가 대드는 모습을 보는 듯했다. 마음이 아팠지만 어쩔 수 없었다. 주리상의 신앙은 거기까지였다.

선교지에서 만난 주리상은 마치 광야에서 오직 하늘의 양식으로 배 불리며 오직 주의 인도하심을 따라가는 이스라엘 백성과 같았다. 나는 끝까지 그가 믿음으로 가나안 땅에 들어가주길 바랬다. 그러나 목전에서 겁을 먹은 이스라엘 백성들처럼 발걸음을 돌려야 했다. 당시 갈렙과 여호수아의 외침이 너무나 잘 이해가 되었다. 주님이 다 준비해주셨고 이제 들어가기만 하면 되는데, 우리는 메뚜기 같다며, 절대 들어갈 수 없다며 스스로 무너진 이스라엘 백성들을 향하여 통탄해 하던 그들의 마음이 너무 이해가 되었다.

주리상은 남편과 함께 2008년 6월 한국으로 돌아갔다. 함께 보낸 2년 반의 시간이 물거품처럼 느껴졌다. 그러면서 3년간 제자들을 가르치시고 마지막에 모두로부터 배반당하신 예수님의 모습이 생각났다. 뭐 주님과 비교도 할 수 없는 나이지만, 그 기분 만은 조금 이해할 수 있을 것 같았다.

내가 온 것은 사람이 그 아버지와 딸이 어머니와, 며느리가 시어머니와 불화하게 하려 함이니 사람의 원수가 자기 집안 식구리라. 아버지나 어머니를 나보다 더 사랑하는 자는 내게 합당하지 아니하고 아들이나 딸을 나보다 더 사랑하는 자도 내게 합당하지 아니하며 또 자기 십자가를 지고 나를 따르지 않는 자도 내게 합당하지 아니하니라.(마태복음 10:35-38)

2008년 11월

환율은 로켓을 타고

일본의 화폐. 동전 밑에 1000이라고
쓰여진 것이 가장 많이 쓰이는 천엔(¥) 지폐

　외국에 살면서 신경 쓰이는 부분 중의 하나가 환율(換率)이
아닌가 싶다. 특히 한국으로부터 송금을 받는 입장에서는
단순히 돈을 얼마 보냈다가 아니라 그때의 환율이 어떤가에
따라 받는 액수가 전혀 달라지기 때문이다.

　일본에 들어온 2004년 4월 이후 매달 200만원을 송금 받
아왔다. 처음에 받은 일본 돈은 19만엔 정도였다. 100엔당
환율이 대략 1,000원대를 약간 웃돌았다. 그러나 그 정도만

되도 크게 손해 보는 느낌은 안 들었다. 아껴서 쓰면 대략 한달 생활이 되었다. 앞서도 얘기했지만, 당시는 환율 보다 매달 200만원씩 송금이 제대로 올까에 더 신경이 쓰여졌었다. 그렇게 일년을 보내고 보니, 그나마 환율이 대략 1,000원대를 유지해주었다.

2005년 3월 히가시구루메(東久留米)로 이사가면서 환율은 정확히 900원대로 내려가기 시작하더니, 그 해말 900원까지 떨어졌다. 다시 말해 200만원을 보내면 20만엔도 안되던 돈이 점점 20만엔을 넘기 시작하였고, 2005년 말에는 22만엔을 넘어섰다. 마치 무슨 주가(株價) 시세를 말하는 것처럼 들리지만, 그때는 별로 환율에 신경 쓸 여유도 없었다. 다만, 20만엔이 넘어가면서는 200만원에 보너스로 용돈이 더 들어온다는 생각이 들었다.

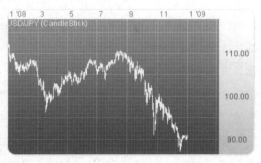

마치 쓰나미의 높은 파도처럼 몰려왔던 2008년 가을의 환율대란을 보여주는 그래프

2004년 (1000원대)		2005년 (900원대)		2006년 (800원대)		2007년 (700원대)		2008년 (1600원대)	
월별	원/백엔	1	1024	1	759	1	794	1	843
		2	1111	2	1012	2	785	2	900
		3	988	3	827	3	783	3	887
4	1078	4	943	4	836	4	807	4	980
5	945	5	960	5	829	5	791	5	972
6	909	6	944	6	857	6	781	6	1029
7	1074	7	900	7	787	7	762	7	977
8	***	8	938	8	833	8	786	8	949
9	***	9	955	9	834	9	796	9	998
10	1070	10	938	10	819	10	814	10	1129
11	1091	11	938	11	819	11	814	11	1631
12	1046	12	901	12	804	12	872	12	1613

〈년도별 송금 당시의 환율〉

2006년 세타가야구(世田谷區)로 옮겨오면서는 환율이 더 떨어져서 800원대가 되었다. 그때부터는 송금 받는 것이 즐거울 정도로 환율에 탄력을 받아서 큰 돈은 아니었지만, 마치 닭이 알을 낳듯이 한 알 한 알 받아먹는 재미가 있었다. 더욱이 그때는 교회에서 사례비도 조금 받았기 때문에, 그동안 눌러왔던 생활에 여유도 생겼었다.

2007년이 되자 환율은 700원대로 떨어져 정말 추락하는 환율은 끝이 안 보이는 듯했다. 이때는 한국에서 200만원을 송금하면 25만엔이 넘을 때도 있을 정도로 환율 차이가 컸다. 왠지 더 많이 받는 것이 미안할 정도로 도움이 되었다. 그러던 환율이 연말부터 다시 조금씩 오르더니 급기야 해를 넘긴 2008년도에는 900원대를 탈환했고, 연말에 가서는 급기야 환율 폭발 사태로 급진전되었다.

2008년 9월 리먼 브라더스(Lehman Brothers) 미국투자은행이 파산함으로 말미암은 경제적 영향은 추락하던 엔화를 로켓에 태워 하늘 높이 쏘아 올렸다. 리먼 사태 직후 10월부터 환율은 1600원대로 진입하였다. 불과 몇 개월 전까지 만해도 황금알을 낳던 환율이 이제는 돈 먹는 기계로 둔갑한 것이었다. 정확히 환율이 두 배로 껑충 뛰니 송금으로 오던 돈도 반 토막이 나버렸다. 25만엔을 육박하던 송금액은 12만엔으로 추락해버렸다. 진짜 그때는 주식에 문외한(門外漢)이었던 나도 마치 주식을 하는 듯한 기분이었다. 이것이 주식의 롤러코스터(roller coaster)인가? 하고...

결국 그 다음달인 2008년 11월부터 송금액을 300만원으로 올렸다. 그럼에도 일본에서 받는 돈은 19만엔이 채 안됐다. 2004년에 200만원 송금으로 받을 수 있었던 돈이 이제는 한배 반을 주어야 겨우 비슷한 액수가 되었던 것이다. 환율이 조금씩 떨어져 25%까지 내려갈 때는 기분 좋더니, 이제는 고리대금(高利貸金)처럼 한꺼번에 50%가 인상 되니 정말 현기증이 났다. 그간 잘 먹었던 환율 떡을 다 뱉어내라는 것인가?...

태평양 건너 거대한 경제적 쓰나미가 몰려왔지만 주님의 손길은 변함없이 우리를 안전하게 지켜주셨다. 세상의 흔들리는 파도에 따라 살아왔다면 아마도 우리는 벌써 파산했을 것이다. 이 또한 선교생활 10년을 보내며 깨닫게 되는 놀라운 은혜가 아닐 수 없다.

> 나의 하나님이 그리스도 예수 안에서 영광 가운데 그 풍성한 대로 너희 모든 쓸 것을 채우시리라.(빌립보서 4:19)

법을 바꿔주신 하나님

눈이 잘 오지 않는 도쿄에 눈이 펑펑 내렸다.
주의 축복의 눈처럼… 집의 베란다에서 찍음

선교지에 와서 살면서 여러 가지 은혜를 체험했지만, 하나님께서 선물로 주신 아이들을 통해서도 주의 크신 은혜를 맛볼 수 있었다.

2005년 3월 히가시구루메(東久留米)로 이사를 가니, 당시 소학교(한국의 초등학교) 3학년까지 주던 아동수당(兒童手當)이 6학년까지 연장되었다. 아동수당은 출산장려 및 양육지원 차원에서 정부로부터 나오는 돈인데, 일본에 사는 외국인 자녀도 그 대상이 되었다.

처음 일본에 온 2004년 당시에는 큰 아이 남호가 4학년이라 아동수당을 받지 못했는데, 2005년부터 6학년까지로 연장되면서 큰 아이도 혜택을 보게 되었다. 첫째와 둘째는 매달 5천엔씩, 그리고 셋째 이후는 만 엔씩을 주었다. 당시로서는 생활에 적잖이 도움이 되는 돈이었다. 아이를 셋째까지 낳기를 잘했다는 생각이 다시 한번 들었던 때였다. 앞서 얘기했지만, 2005년 5월 세타가야구(世田谷區)의 도영(都營)아파트를 신청할 때도 자녀가 셋 이상 이어야 한다는 조건이 있었기 때문에 일본 와서 아들 셋의 덕을 톡톡히 보았다.

2006년 11월 세타가야구로 이사를 와서는 소학교 6학년까지 무료로 해주던 의료보험이 중학교 3학년까지로 연장되었다. 의료보험은 지역별로 달랐는데, 세타가야구가 좀 잘사는 동네라 예산이 많았던 것 같았다. 당시 남호가 중학교 1학년이었으니, 아이들 모두 큰 혜택을 본 것이다. 뿐만 아니라 그 해에 법이 또 바뀌어서 아동수당을 소학교 6학년에서 중학교 3학년까지 연장해서 지급하기로 한 것이다. 너무나 감사한 일이 아닐 수 없었다. 갈수록 집값도 싸지고 의료보험이며 아동 수당이며 주께서 이런 저런 선물을 덤으로 주셨다.

일본은 아직도 학교 진학 시 시험을 보는 제도를 유지하고 있다. 빠르면 사립 유치원이나 소학교를 들어갈 때부터 입시를 치른다. 물론 이런 학교들은 주로 중, 고, 대학교까지 두루 갖추어진 사립 명문 학교들이다. 한번 소학교에 입학하면 별 문제가 없는 한 대학교까지 자동으로 올라갈 수 있다.

그 다음으로는 일반 공립 소학교에서 사립중학교나 국립 중학교로 진학하는 입시 형태가 있다. 우리 아이들이 다니던 소학교에서도, 반에서 반 이상은 학원을 다니며 입시를 준비했고 또 많은 아이들이 사립 중학교로 진학을 했다.

다음은 고등학교 입시인데, 일본에서는 누구나 이 입시를 통과해야 고등학교에 진학을 할 수 있다. 고등학교 마다 레벨은 다 다르나 입학시험을 치러야 하는 것은 같다. 명문 고등학교들은 자체 문제를 가지고 입시를 치르기도 하고, 보통 일반 학교들은 도교육위원회에서 출제한 문제로 입시를 치른다. 보통 다섯 과목(국어, 수학, 사회, 과학, 영어)을 시험 보는데, 보통들 학원을 다니며 자신이 원하는 사립 또는 공립 학교를 목표로 준비한다.

큰 아이 남호도 2009년 2월 23일 고등학교 입시를 치렀는데, 도쿄도립(東京都立) 국제(國際)고등학교에서 시험을 보았다. 알아보니 집에서 거리도 그리 멀지 않고 공립이면서도 국제적인 마인드(mind)를 가지고 학생들을 육성하는 학교였다. 그러다 보니 영어를 중점적으로 가르치는 학교이기도 했다. 남호는 캐나다에서도 2년간 공부를 했고, 아무래도 외국인이니 그런 학교에서 공부하는 것도 괜찮겠다 싶었다.

시험도 다른 학교와 달리 국어, 수학, 영어 세 과목만 보았는데, 유독 영어만 120점 만점으로 다른 과목 보다 힘들고 어려웠다. 이것이 하나님이 주신 기회라 믿고 이 학교를 지원했다.

23일 월요일에 시험을 보았는데, 27일 금요일에 합격자 발표가 났다. 혼자 발표를 보러 간 남호로부터 전화 연락이 왔다. 합격이란다! 남호는 학교 합격자 발표판을 보고 또 보고 또 봤단다. 진짜 내 번호가 맞나 싶어서... 남들처럼 여유 있게 학원을 다니며 공부한 것도 아니고, 몇 군데 시험을 보아 안전하게 골라갈 수 있는 처지가 아닌지라. 어린 마음에 붙었다는 그 하나 만으로도 얼마나 기쁘고 또 가슴 졸였었겠는가...

얼마 후 남호가 집에 도착했다. 현관 문을 열어주니 밖에는 함박 눈이 펑펑 내리고 있었다. 마치 하나님께서 이 아이에게 복을 내려주시는 것처럼... 그리고 하나님의 복은 다음 해인 2010년 4월 법이 바뀌면서 고등학교 수업료 면제(免除)라는 소식으로 확인되었다. 때마다 시마다 법까지 바꿔가면서 우리를 도우시며 공급하시는 주님의 손길이 신기하고 놀라울 뿐이다.

그러나 이 모든 일에 우리를 사랑하시는 이로 말미암아 우리가 넉넉히 이기느니라.(로마서 8:37)

과부의 두 렙돈

경기도 양평에서 홀로 농사를 지으시며
시골 교회를 돌보고 계시는 정운덕 권사님(가운데)

큰 아이 남호의 고등학교 입시가 끝나자, 한국에 아이들을 한번 데리고 나가고 싶은 마음이 들었다. 벌써 일본에 온지 5년, 성장기에 있는 아이들에게는 긴 시간일 수 있었다. 벌써 아이들에겐 한국말보다 일본어가 더 편하고 능숙했다. 그도 그럴 것이 매일 같이 학교에서 공부하며 아이들과 어울려 지내니, 모국어의 정체성(正體性)이 흔들리기에 충분했다.

한국어의 뿌리를 잃어버리지 않기 위해 매일 저녁 9시에 드리는 가정예배에는 반드시 한국어 찬양을 하고 한국어 성경을 읽었다. 첫째 남호는 한국에서도 어려서부터 책을 많이 읽어 한글을 읽고 이해하는데 큰 문제가 없었다. 문제는 둘째와 막내였는데, 어려서 한국을 떠나 한글의 뿌리가 약했다. 그래서 가끔은 한국 드라마를 보여주기도 했다.

이제 직접 한국을 방문한다고 생각하니 가슴 한 구석이 어린아이처럼 흥분되기도 했다. 주님은 어린 아이들 같은 우리들을 위해 선물까지 준비해 주셨다. 교회 크라모치상을 통해 어떤 일본인 성도가 한국여행 잘 갔다 오라며 18만엔(당시 환율로 약280만원)을 헌금해주었다. 정확히 우리 가족의 비행기 값이었다. 특히 당시는 환율이 1600원대를 육박하는 힘든 때여서 더욱 감사했다.

이 분은 집에서 우연히 성경 속에 넣어두었던 돈을 발견했다고 한다. 그런데 이 돈을 어디다 쓸까 생각하고 있었는데, 마침 크라모치상이 우리 교회 목사님 가정이 5년만에 한국에 다녀오신다고 했더니, 그럼 거기다 쓰면 되겠다며 주일 교회에 까지 직접 와서 헌금을 하고 돌아갔다. 참으로 놀랍고도 감사한 일이었다. 그냥 갈 수 있는 것만으로도 감사한 일이거늘 이렇게 선물을 받고 가게 되다니, 마치 주님의 독수리 날개를 타고 한국으로 가는 기분이었다.

5년 만에 돌아온 우리를 한국의 여러 교회와 성도님들이 따뜻하게 맞아주셨다. 특히 잊을 수 없는 한 장면은 처가가 있는 강원도 정선을 방문했을 때였다. 처갓집에 있는 우리를 동네 할머니 한 분이 찾아주셨다. 80이 넘으신 고령의 할머니셨는데, 오셔서는 선교에 수고 하신다며 초코파이 한박스와 헌금봉투를 주시고는 얼른 돌아가시는 것이었다. 봉투 안에는 5만원이 들어있었다. 그분에게는 한달 생활비 전부에 해당하는 돈이라고 옆에서 알려주셨다. 참으로 과부의두 렙돈 같은 헌금이 아닐 수 없었다. 한번 본적도 없었는데우리를 위해 기도해주시고, 또 이렇게 사랑을 베풀어주시니감사하기 짝이 없었다. 참으로 주님께서 하늘의 큰 상으로갚아 주시기만을 기도했다.

또 한번은 경기도 양평에 사시는 한 권사님을 방문했었다. 정운덕 권사님이란 분인데, 내가 한국에서 목회를 시작할 때부터 어머니와 같이 보살펴주신 참으로 고마우신 분이셨다. 연세도 어머니 뻘이 되시는데, 남편 집사님께서 세상을 떠나신 후에도 홀로 시골에서 농사를 지으시며 그 지역교회를 섬기고 계셨다. 젊어서 신학교를 다니셨는데, 끝까지 그 사명을 감당하지 못한 것이 한(恨)이 된다며 마지막 여생을 시골 교회를 위해 헌신하고 계신다. 어느 목회자나 선교사 못지않게 자신의 삶을 드려 헌신하려는 그 중심을 주님께서 귀히 보시리라 믿는다.

한국에 있을 때도 갈 때마다 손수 농사하신 푸성귀며 시골에서 귀한 생선이며 푸짐한 상을 대접받곤 했다. 말 그대로 고향 어머니가 끓여주는 된장의 맛이었다. 그때도 권사님을 찾아 뵈니 여전히 반갑게 맞아주셨다. 항상 우리를 위해 기도하고 있다는 뜨거운 목소리가 어느 칭찬보다도 반갑고 귀하게 들렸다. 권사님은 돌아오는 우리에게 손수 지으신 농산물이며 꼬기꼬기 모아두셨던 선교헌금을 우리 손에 쥐어주셨다. 주께서 반드시 하늘의 큰 상을 예비해 주셨으리라 믿는다.

> 또 어떤 가난한 과부가 두 렙돈 넣는 것을 보시고 이르시되 "내가 참으로 너희에게 말하노니 이 가난한 과부가 다른 모든 사람보다 많이 넣었도다. 저들은 그 풍족한 중에서 헌금을 넣었거니와 이 과부는 그 가난한 중에서 자기가 가지고 있는 생활비 전부를 넣었느니라." 하시니라.(누가복음 21:2-4)

2009년 8월

"나의 종을 기념하라!"

유아사상 댁에서. 맨 오른쪽이 유아사상
왼쪽 밑으로 이은숙자매, 이향주집사, 최미정사모

2009년 7월 29일부터 31일까지 도쿄(東京) 옆에 있는 치바현(千葉縣)으로 교회 캠핑을 갔었다. 단출한 식구인지라, 이럴 때 진짜 캠핑을 한번 다녀와야겠다고 마음먹고 장소를 물색하며 준비를 하였다. 치바는 한반도처럼 생긴 지역으로 도쿄 옆에 붙어 바람막이 역할을 해주고 있는 지역이다. 뿐만 아니라 나리타(成田) 국제공항이 있고, 농수산물을 수도 도쿄로 공급하는 중요한 역할을 하고 있다.

우리가 갔던 캠프장은 '홀리우드'(holy wood)캠프장이라고 우리말로 하면 '거룩한 숲'이라고 할 수 있는데, 정말 나무도 많고 자연 그대로의 장소였다. 아이들과 같이 텐트도 직접 치고, 밥도 해먹고, 자연도 관찰하며 하나님의 창조하신 자연을 마음껏 만끽했다. 여름 밤 랜턴을 켜놓고 벌레들과 함께 먹었던 바비큐며, 뜨거운 여름 태양 밑에서 해먹은 숯불 햄버거의 맛 또한 일품이었다.

마지막 날인 31일 아침 정리를 시작하려는데, 핸드폰 벨이 울렸다. 누군가 했더니 평소 교제하던 유아사(湯淺)상 댁에서였다. 어머니 아사(アサ)상이 돌아가셨다는 아들로부터의 소식이었다. 그렇지 않아도 그간 간암으로 병원치료를 받고 있었는데, 원래 노환이라 병이 빨리 악화도, 또 빨리 치료도 되질 않았었다. 다만 주의 인도하심 만을 기다리고 있었는데, 때가 됐던 것이다. 그때 주께서 한 말씀을 주셨다.

"나의 종을 기념하라!"

그렇다. 아사상은 척박한 일본 땅에서 일찌감치 주의 은혜로 이 땅을 위해 기도의 사명을 다한 주의 여종이었다. 말년에 다리를 쓰지 못하고 의자에 앉아 노환으로 고생하셨지만, 그곳이 바로 주의 보좌 앞이라는 말씀을 주께로부터 듣고는 더욱 확고한 신앙으로 주님 앞에 기도하는 믿음의 용사이셨다. 참으로 우리가 주의 여종을 일본 땅에서 만나게 되었던 것도 결코 우연이 아니었다. 주님의 놀라운 인도하심에 감사할 뿐이다.

유아사 아사(湯淺 アサ)상은 돌아가시며 장례식장으로부터 모든 일체(一切)를 미리 유언으로 남기셨는데, 평소 교제를 갖고 있던 나에게 장례식을 부탁했다고 했다.

8월 2일 주일 저녁, 장례식장으로 교인들과 함께 갔다. 유아사상 댁에서 그리 멀지 않은 곳이었다. 일본의 장례식은 보통 절의 스님들이 나와서 염불(念佛)을 하며 시작된다. 앞서도 얘기했지만, 에도 시대부터 정책적으로 장례문화를 절에 위임했기 때문이었다. 그래서 일본 장례식장의 모습은 염불과 향냄새로 진동하는 것이 보통이다. 그리고 마지막 화장(火葬)을 하기 하루 전날 저녁에 '오쯔야' (お通夜)라고 해서 마지막 밤을 보내는 의식을 행하게 된다.

나는 스님이 앉아 염불을 하던 자리에 서서 하나님의 말씀을 전했다. 천지만물의 창조주이시며 우리의 영원한 아버지가 진짜 우리의 하나님이라고 선포했다. 여기 잠든 유아사 아사상은 말 그대로 그 몸이 주 안에서 잠든 것이며 마지막 날에 다시 살아날 것이라고, 또 유아사상은 지금 천국에서 살아 주님과 함께 계신다고 확실하게 말해주었다. 그리고 주님을 찬양하며 주의 이름으로 축복하며 기도하였다.

다음날 우리는 아사상의 마지막 가는 길을 지키려고 다시 모였다. 장례식장에서 차로 약 30분정도 떨어진 화장터였다. 일렬로 늘어선 화장터 입구가 마치 쓰레기 소각장처럼 보였다. 죽은 영혼을 위한다는 향냄새와 염불소리는 여전했지만, 줄 서서 들어가는 불 가마 속은 일순간에 1000도의 열로 죽은 자의 몸을 삼켜버렸다.

한 시간 정도 후에 나온 유아사상 시신의 재는 하얀 뼈 조각 몇 개뿐이었다. 나는 다시 그 뼈들을 앞에 놓고 크게 기도했다. "우리 앞에 보이는 이 재는 하나님 말씀대로 티끌에서 왔다 티끌로 돌아갔습니다. 그러나 진짜 유아사상은 이곳이 아니라 유아사상을 만드시고 구원하신 하나님 나라에 있음을 감사 드립니다. 우리도 언젠가 유아사상처럼 하나님의 나라, 저 천국에 들어갈 것을 믿습니다." 나는 그들 중 한 명이라도 구원받기를 바라는 마음 간절했다.

성도의 죽는 것을 여호와께서 귀중히 보시는도다.(시편 116:15)

항상 배우나...

유아사상 댁에서. 맨 오른쪽 유아사상
왼쪽 밑으로 이은숙자매 옆으로 아내 미정사모

　앞서 얘기했던 대로 우리 교회에 크라모치(倉持)상이라는
여성도가 있었다. 50대 중년의 독신 여성이었는데, 대학 교
육을 받은 나름대로 엘리트 의식이 있는 여성이었다. 보통
일본 여자들처럼 말을 아끼거나 마음 속에 말을 담아두지도
않았다. 그래서 자신을 일컬어 좀 색다른 일본인이라고 말
하기도 했다.

　언젠가 크라모치상이 나에게 자신이 쓴 간증문을 보여준

적이 있었다. 내가 다시 타이핑하면서 한국어로도 같이 번역을 했었는데, 역시 평범하지 않은 인생을 살아왔음을 알게 되었다. 어릴 적에는 부모로부터 물려받은 재산이 있었음에도 부모님이 일찍 돌아가시는 바람에 얹혀살던 아저씨, 아주머니가 자신의 재산을 다 빼돌려서 우울한 어린 시절이었다고 했다.

그래도 대학을 다닐 때, 매주일 저녁 교회 전도집회에 나가 진리를 찾았다고 했다. 그러나 목사님의 권유에도 확신이 없어 세례는 받지 않았다고 했다. 그러던 참에 대학 서클 친구로부터 가톨릭 성당을 소개받고, 그 장엄함에 매료가 되었고, 예술학 수업시간을 통해 배운 가톨릭 음악이나 미술 같은 수준 높은 문화에 감동되어 대학 4학년 여름 성당에서 세례를 받았다고 했다.

그 후에도 구원의 확신 없는 성당에서의 신앙생활을 계속했다고 했다. 졸업 후에는 시내의 잘나가는 회사에 취직을 하였는데, 그때가 일본의 버블(bubble, 거품)경기 때라 회사에서 건물을 사고 파는 일을 담당하며 하루에 억대 단위의 거래를 하였다고 한다. 당연히 수입이 좋은 때라 독신 여성으로 자신 만을 위한 최고 사치의 생황을 하였다고 했다.

그때 자신이 매일 같이 즐겨먹던 것이 바로 '켄터키 후라이드 치킨'(Kentucky Fried Chicken)이었는데, 그 덕분에 지금의 당뇨병이 걸렸다며 웃곤 했다. 당시 크라모치상은 당뇨가

심해서 인슐린(insulin, 동물의 이자에서 분비되어 포도당을 글리코겐으로 바꾸어 주는 호르몬) 주사를 맞고 있었다. 사치와 방탕의 생활은 결국 몸을 망치게 만들었고, 의사의 사형선고와 같은 말을 듣고서야 진정한 회개의 길로 들어서게 되었다고 했다.

다행히 병을 통하여 외형을 중히 여기던 가톨릭 신앙에서, 내면의 확신을 강조하는 개신교 신앙으로 거듭날 수 있었다며 안도하는 마음이었다. 우리 교회에 나온 이후로도 가톨릭에 대한 정확한 문제 의식과 비판적인 말을 서슴지 않고 시원시원하게 말해 주었다.

그러나 2008년 6월 주리상이 한국으로 돌아간 이후로 갑자기 크라모치상도 교회에 나오질 않았다. 어쩐 일인가 했는데, 알고 보니 교회에 소망 둘 사람이 없어져 슬그머니 자취를 감춘 것이었다. 다시 말해 교회 사람들로부터 도움을 받고자 하는 마음이 강했는데, 돈이 있어 보이는 사람이 없어지니 소망도 사라졌던 것이었다. 은숙자매에게도 돈 얘기를 했다는 것을 보니 틀림 없었다.

안된 얘기이기는 하나 크라모치상에게 전화를 걸어서 교회에 나오라고 권면했다. 다음 주부터 언제 그랬냐는 듯이 다시 나오기 시작했다. 수요일은 우리 집에서 기도회를 하였는데, 우리 집에 오는 날이면 한국 음식도 잘 먹고 음식을 싸주면 아주 좋아했다. 집에도 몇 번씩 찾아가 할 수 있는 대로 도움을 주려고 애썼다. 그러나 항상 굶주린듯한 마음과 모습은 때때로 애처롭게 보였다. 주님의 은혜 안에서 구하고 감사함으로 누리면 되는 것을 거꾸로 자신의 욕심을 채우려고 하려는 모습이 영 신앙과는 멀게 느껴졌다.

2009년 8월 유아사 아사상의 장례식에 크라모치상도 함께 갔었다. 유아사상은 크라모치상이 중간에 다리를 놓아 만나게 되었는데, 교제는 유아사상과 더 잘 되었다. 장례식이 있었던 8월이 지나 9월이 되자 다시 크라모치상의 모습이 보이질 않았다. 안타까운 마음이었으나 어쩔 수가 없었다. 지금은 어디서 어떻게 지내는지...

저희 중에 남의 집에 가만히 들어가 어리석은 여자를 유인하는 자들이 있으니 그 여자는 죄를 중히 지고 여러가지 욕심에 끌린바 되어 항상 배우나 마침내 진리의 지식에 이를 수 없느니라. (디모데후서 3:6-7)

4장

하나님의 선교

너희는 가만히 있어
내가 하나님 됨을 알지어다
내가 뭇 나라 중에서 높임을 받으리라
내가 세계 중에서 높임을 받으리라
시편 46:10

"나의 안식년을 지켜라"

안식년 여행 중 전주에서
오른쪽부터 아내, 막내 남일, 첫째 남호, 둘째 남혁

　어느덧 시간이 흘러 2010년이 되었다. 벌써 일본에 온지 7년째, 만 6년이 되는 해였다. 만 6년이 되었다 생각하니, 성경의 안식년(安息年)이 생각났다. 요즘 국내 교회에서는 안식년이라는 개념이 별로 없지만, 선교지에서는 힘든 상황을 고려해 반드시 안식년을 지키도록 하고 있다. 최근 들어선 6년도 너무 길다고 해서, 4년에 한번씩 짧은 안식년을 갖기도 한다.

나의 일본 사역은 교회 목회사역이었기 때문에 한국 교회의 목회자와 크게 다르지 않았다. 보통들 안식년을 못 갖는 이유가 두 가지인 것 같은데, 하나는 너무 바빠서, 또 하나는 성도들을 놔두고 쉴 수가 없어서가 아닌가 한다. 물론 그것도 쉴 수 있는 여건의 담임 목회자에 해당되는 이야기일 것이다. 나의 경우는 그리 바쁜 것도 아니니, 꼭 쉬어야겠다는 생각은 안 들었다. 물론 선교지에서의 사역은 국내 사역과 달리 안 보이는 영적 싸움이나 공격이 많아 단지 일의 경중(輕重)으로만 판단할 수는 없다. 다만, 내 개인적으로는 그리 큰 필요를 느끼지 못했다. 더구나 작년 2009년 3월에 2주간, 가족 모두가 5년 만의 한국 나들이를 갔다 온 터라 뭐 다시 나가기도 그러했다.

그러던 중 3월이 다 되어가는 어느 날, 수첩을 보며 3월 계획을 생각하고 있는데, 주의 말씀이 들렸다.

"너는 나의 안식년을 지켜라."

전혀 계획도 마음도 없던 나에게 주의 음성은 산 속의 메아리처럼 내 귀에 들려왔다. 안식년을 지켜라... 언제나 그랬듯이 주의 말씀은 나의 생각과는 거의 정반대로 들려왔다. 그러나 주의 음성에 순종하면 아무런 부작용이 없었다. 나의 이성과 감정을 뛰어넘는 전지전능하신 주님의 온전한 인도하심이었다. 나는 지금까지 해온 데로 즉각 안식년 계획에 들어갔다. 마침 3월에 비자 연장 신청을 하게 되어있어 그것만 마치면 다른 큰 문제는 없었다. 부리나케 비행기표도 알아보고 집을 일년간 비울 생각을 하니 이것 저것 처리할 것이 많았다. 이사 가는 것보다 더 복잡하다는 생각도 들었다.

그리고 한가지 큰 일은 교회 문제였다. 당시 교회에는 은숙자매 가정만 남아있어서 어떻게 보면 큰 일이 아닌 것 같으면서도 큰 일이었다. 숫자로 보면 별거 아닌 것처럼 보이지만, 영적으로 보면 그리 간단한 문제가 아니었다. 그러나 하나님의 말씀을 듣는 순간, 희한하게도 마음에 어떤 의심이나 걱정이 들지 않았다. 주일 은숙자매를 만나 자초지종(自初至終)을 얘기했다. 어떻게 보면 황당하게도 들릴 나의 얘기를 담담히 잘 들어주었다. 당시 믿음이 강하거나 신앙이 성숙된 상태는 아니었으나, 은숙자매가 감당할 수 있었기에 주께서 떠나라고 명령하셨다고 믿었다. 은숙자매는 마지막 주일 나의 한글 성경책을 달라고 했다. 내가 없는 동안 내대신 의지하려는 마음인 것 같아서 기꺼이 나의 분신(分身)같은 성경책을 건네주었다.

우리는 4월을 하루 앞둔 3월 30일, 6년간의 일본 생활을 뒤로하고 한국으로 가는 비행기에 몸을 실었다. 작년에도 갔던 한국인데, 이번에는 왠지 기분이 묘했다. 다시 한국에서 생활을 하게 되다니… 우리는 2010년 3월말부터 2011년 3월까지 1년간 처음 3개월은 서울에서, 그 다음 3개월은 경남 김해에서, 그리고 마지막 6개월은 수원에서 지냈다. 3월 30일 서울에 도착해서 우리는 유덕순집사의 집으로 인도되었다. 6년 전 일본으로 가기 전에도 5주 정도를 머물렀던 집이었는데, 이제 6년만에 돌아온 것이다. 아이들도 크고 여러 가지로 복잡한 가운데서도 우리를 가족처럼 따뜻하게 맞아 주었다. 참으로 고마운 일이 아닐 수 없었다.

어느 정도 인사와 교제가 끝나고, 나는 가족과 함께 김해(金海)에 사는 친구를 찾아갔었다. 나도 처음가보는 김해에서 우리는 오랜만에 회포(懷抱)를 풀며 즐거운 시간을 가졌다. 나는 작고 아담한 그곳이 마음에 들었다. 나는 즉시 김해에 방을 얻어 가족들과 함께 내려갔다.

그러나 아이들 학교 문제로 우리는 3개월 만에 수원으로 올라와야 했다. 신학교 동기가 소개해준 교회 선교관에서 우리는 나머지 반년을 보냈다. 교회 3층에 있었던 작은 선교관이라 여러 가지로 불편함이 있었지만, 아는 사람이 별로 없는 한적한 곳에서 진짜 안식을 누리지 않았나 싶다.

1년이란 긴 시간, 특별히 하는 일이 있는 것도 아니요, 정해진 집이 있어 안정된 공간이 있는 것도 아니었다. 다만 주의 말씀을 따라 순종하여 온 것이었는데, 주님은 왜 안식년을 지키라고 하셨을까? 라는 생각이 계속됐다. '안식'이란 말이 처음 나오는 창세기가 떠올랐다. 수도 없이 읽고 가르쳤던 창세기의 첫 부분은 너무 잘 알고 있는 듯했다. 그러나 가만 생각해보니, 내가 과연 그 안식 가운데 있는 가를 좀더 깊이 생각하게 되었다.

창세기 2장을 보면, 하나님께서 6일간의 창조를 마치시고 7일째 되던 날 안식하시며 그 날을 축복하셨다고 했다. 보통 '안식'(安息)하면 열심히 일한 뒤에 피로를 풀고 쉰다는 개념으로 느껴진다. 그러나 이 개념은 안식보다 일에 더 무게가 있어 보인다. 그것은 휴식(休息)의 개념에 가까울 것이다. 사실 '노동'의 개념은 인간이 에덴동산에서 하나님 말씀에 불순종함으로 인해 벌로 내려진 '수고로움'이었다. 그러나 진짜 '안식'은 하나님께서 창조의 사역을 모두 마치신 후 지으신 세계를 바라보시며 축복하고 거룩하게 하신 '완성'의 개념이었다.

나는 하나님께서 그리 긴 시간도 아니지만, 6년 간의 선교 생활을 접고 완전히 발을 떼라고 하신 의미를 조금 알 것 같았다. 내가 선교사로써 황무한 불모지인 일본 땅에서 조금 살았다고 무엇인들 내세울 것도 없지만, 조금이라도 자만(自慢)이나 자고(自高)하는 마음이 있어서는 안 된다는 것이었다. 그런 것들은 언급할 가치도 없을 뿐만 아니라 진정으로 주님께서 원하시는 것은 오직 거룩하고 완전한 축복의 나라, 바로 하나님의 나라를 사모(思慕)하라는 것이었다.

많은 교회와 성도들이 분명 예수 그리스도를 믿어 구원받고 천국을 향해 나아간다. 그러나 대부분의 사람들이 자신들도 모르게, 아니면 아예 처음부터 잘못된 목표와 목적을 가지고 살아가는 경우가 많은 것 같다. 세계에서 유래를 찾아볼 수 없을 정도로 부흥 발전한 한국교회이지만, 사실 그 부흥의 불씨는 100여년 전 핍박과 시련 속에서 믿음의 조상들이 피어낸 값진 헌신의 대가였다. 그러나 지금 한국 교회의 모습은 그 부흥의 불씨보다는, 거대한 교회건물과 화려하게 포장된 목회만이 눈에 들어오는 것 같다.

이번에 안식년을 한국에서 보내면서 또 다른 시각에서 한국교회를 볼 수 있었던 것 같았다. 오랜 시간 한국을 떠나 황무한 선교지에서 있다 보니, 무엇이 진짜 영혼을 살리고 무엇이 지금 영혼을 죽이고 있는지를 깨닫게 되었다. 안식년으로 돌아와 본 한국교회의 모습은 참으로 바쁘고 정신이 없었다. 무언가 바삐는 돌아가고 변화는 있는 것 같은데, 진정 그 속에 하늘을 향한 영원한 생명과 소망은 있는 것인가? 자꾸 되물어보게 된다.

그러므로 우리는 두려워할지니 그의 안식에 들어갈 약속이 남아 있을지라도 너희 중에는 혹 이르지 못할 자가 있을까 함이라. 그들과 같이 우리도 복음 전함을 받은 자이나 들은 바 그 말씀이 그들에게 유익하지 못한 것은 듣는 자가 믿음과 결부시키지 아니함이라.(히브리서 4:1-2)

아이들의 안식년

안식년을 잘 버텨준 아이들
오른쪽부터 첫째 남호, 둘째 남혁, 막내 남일

2010년 3월 갑자기 한국으로 돌아간다는 말에 놀란 것은 누구보다 아이들이었다. 그간 아이들은 소학교, 중학교, 고등학교에서 생활하면서 일본 생활에 재미를 붙여가고 있었기 때문이었다. 6년 전 일본으로 올 때, 아이들은 유년기 아이들로 한마디로 뭣 모르고 그저 부모를 따라 낯선 이국(異國) 땅에 발을 디뎠었다. 그런데 이제 무언가를 알려고 하는 즈음에 다시 떠나려니 좀 충격이 되었을 것이다.

특히 큰 아이 남호가 제일 충격이 컸던 것 같았다. 그간 맏형으로 학교 생활을 개척해 나가는 긴장감이 누구보다 심했을 것이다. 그러다 작년 고등학교에 들어가면서 모든 짐이 다 벗어진 듯 너무 재미있고 신나게 학교생활을 했었다. 이제 2학년에 올라가면서 진짜 고등학교의 전성기를 누려할 시기에 갑자기 떠나게 되어 그 허탈감과 공허함을 조금은 이해할 수 있었다.

사실 안식년으로 떠날 준비를 하면서 제일 걱정되었던 것이 남호 학교였다. 둘째와 막내의 학교생활도 특히 언어로 인해 걱정이 되었지만, 남호의 경우는 일본의 제도가 입시를 치러 자기에게 맞는 고등학교를 들어가기 때문에 한국학교에서 그것을 맞춰줄 수 있을 지가 제일 문제였다. 그래서 미리 한국의 학교를 알아보았는데, 마침 남호네 학교가 S외국어 고등학교하고 자매결연을 맺고 있었다. 나는 잘 됐다고 생각해 그 학교로 전화를 해보았다. 그러나 들려오는 답은 전입생은 불가하다는 것이었다. 생각보다 길이 수월치가 않았다.

하는 수없이 일단 서울에 도착하여 이곳 저곳 알아보았으나 길이 없었다. 한국에서 입시로 진학하는 외고나 국제고 같은 곳은 일단 입시가 끝나면 편입이나 전입이 거의 불가능했다. 나는 한가지 아이디어가 떠올라 S 외고 교장 선생님 앞으로 편지를 한 통 띄웠다. '선교사 자녀로 일본에서 공부하다 이번에 안식년으로 1년간 한국으로 오게 되었다. 일본에서는 S외고와 자매결연을 맺은 도쿄 국제고등학교를 다녔다. S외고가 기독교 학교가 되었다는 얘기도 들었다. 선교사 자녀에게 일년간 장학금으로 공부할 수 있는 기회를 준다면, 세계 곳곳에 인재를 키워내는 역할도 할 수 있다고 본다' 는 취지의 내용이었다.

제대로 교장 선생님한테 편지가 전달 되었는지는 모르겠지만, 기다려도 답장은 오지 않았다. 할 수 없이 남호를 지역 고등학교에 보냈는데, 역시나 문화, 언어가 너무 달라 적응하지 못하고 학교를 그만 두었다. 나는 뭐 급할 것 없으니 너 혼자서 보고 싶은 책을 보며 일년간 셀프스터디(self-study)를 하라고 했다. 그 후로 남호는 도서관을 다니며 홀로 일년을 보냈다.

그런데 불과 두 달 후 그 S외고가 신문에 기사로 나왔다. 학교 이사장과 교장이 부정입학 및 공금횡령으로 기소되었다는 것이었다. 나는 아침 신문을 보면서 하나님의 공의로운 손길을 보았다. 기독교를 표방하며 문을 연 학교가 결국 돈을 받고 입학장사를 했다는 것이 세상에 다 알려지게 되다니... 뭐 가능성도 없는 얘기지만, 만약 내가 그때 보낸 편지를 교장 선생님이 받고 조금이나마 마음을 열었다면, 하나님의 자비를 받을 수 있는 계기가 되지 않았을까? 라는 씁쓸한 생각이 들었다.

한국어는 둘째 남혁이가 제일 서툰 것 같았다. 중간에 끼여 한국말을 제대로 배울 기회가 별로 없었기 때문이 아닌가 싶다. 한국에 와서 동네 중학교를 다녔다. 사실 제일 걱정이 되었다. 제일 어정쩡한 기간이 중학교가 아닌가 싶다. 쉬운 것도 아니고 어려운 것도 아니고 어디에 눈을 맞추어야 할지 힘들었다. 하루는 남혁이가 학교 선생님으로부터 받은 모욕성 발언에 대해 얘기했다. 과학시간이었는데, 너 때문에 반 평균점수를 깎아먹는다는 얘기를 들었다는 것이었다. 귀를 의심하고 싶을 정도였다. 잘하지 못하는 아이를 도와주지는 못할망정 언어 폭력에 가까운 말을 선생님이 학생에게 서슴없이 하다니...

그러나 주님은 내 마음에 평안을 주셨다. 주의 자녀가 저주한 사람을 축복하면 그 축복이 내게로 돌아오고, 저주는 저주한 그 사람에게로 돌아간다는 것을... 얼마 후, 남혁이가 과학시험을 잘 보아서 칭찬을 받았다고 기분 좋게 들어왔다. 처음 짧은 기간이었지만, 둘째 남혁이에게도 하나님의 보호하심과 인도하심을 조금이나마 경험하는 계기가 되었을 것이다.

그 후 김해에 내려가서 남혁이와 남일이는 경상도 사투리가 일본어와 비슷하다며 재미있게 흉내를 내며 학교를 다녔었다. 그런데 김해에서 자리를 잡을 때쯤 수원에 있는 중앙기독초등학교에서 연락이 왔다. 처음 한국에 들어왔을 때

선교사 자녀를 일년간 무료로 받아주는 중앙기독학교에 남
혁이와 남일이 이름으로 신청을 했었다. 그때는 자리가 없
다고 했었는데 갑자기 자리가 났다는 것이었다. 다녀도 한
학기 밖에 남지가 않았었다. 나는 떠나고 싶지 않았지만 아
내와 아이들이 원하는 대로 따랐다.

결국 2010년 8월 수원으로 올라갈 것을 결정하고 다시 대
이동이 시작되었다. 중앙기독학교에서의 기간은 남혁이나
남일이한테 좋은 추억으로 남는 기간이었으리라 믿는다. 세
군데를 돌아다니며 공부했던 두 아이의 고생과 모험은 아마
도 아이들의 남은 인생에도 귀한 밑거름이 되지 않을까 믿
어 의심치 않는다.

> 내가 궁핍하므로 말하는 것이 아니라 어떠한 형편에든지
> 내가 자족하기를 배웠노니 내가 비천에 처할 줄도 알고 풍
> 부에 처할 줄도 알아 모든 일에 배부르며 배고픔과 풍부와
> 궁핍에도 일체의 비결을 배웠노라.(빌립보서 4:11-12)

강원도에서 만난 밴쿠버

처가(妻家)가 있는 강원도 정선의 장열 교회

2010년 안식년 기간 중 그간 못 뵈었던 교회와 성도님들을 많이 뵐 수 있었는데, 특히 시간이 많다 보니 여유롭게 지방에 있는 교회들까지도 찾아가 볼 수가 있었다.

처음 4월에 방문하였던 교회 중 인상에 남는 교회는 구로구 개봉동에 있었던 영천교회였다. 지금은 재개발로 이사를 가지 않았나 싶은데, 나와는 특별한 인연이 있는 교회였다. 교회 사모님은 대학부를 다닐 때부터 알던 누나였다. 그리고 목사님은 당시 누나가 결혼을 하게 됐다며 소개시켜 주었던 신랑이었다. 그러니까 지금으로부터 20년도 훨씬 넘은 얘기가 된다. 그 동안 소식이 없다가 수소문 끝에 두 분이 개봉동에서 목회를 하고 계신다는 사실을 알게 되어, 안식년 때 방문을 하였다. 주일날 교회에 도착하니 사모님과 성도들이 나와서 예쁜 화분을 하나씩 가족 모두에게 전해주며 큰 환영을 해주었다. 나는 너무 기쁘고 반가웠다. 20년 이상이 흘러갔지만, 나는 아직도 청년 때의 기분으로 그 날 교회에서 예배도 드리고 간증도 하고 같이 식사하며 교제도 할 수 있었다.

5월이 되어서는 처가가 있는 강원도 정선(旌善)으로 내려갔었다. 시간이 되면 한번씩 내려가는 시골이었는데, 특히 이번에는 새로 오신 담임목사님께서 나에게 설교를 부탁한다고 하셨다. 결혼 후 그간 여러 번 시골에 내려가기도 하고 교회를 방문하기도 했지만 주일설교를 부탁 받기는 처음이었다. 굵직하고 부드러운 목소리의 담임목사님 인상이 전화 너머로 그려지는 듯했다.

직접 정선으로 내려가 주일날 교회에서 목사님을 뵙자 역시나 목소리와 같은 인상(印象)이셨다. 주일예배 후 목사님 사택에서 아내와 함께 교제하는 시간을 가졌는데, 놀라운 것은 캐나다 밴쿠버에서 오셨다는 것이었다. 나는 내 귀를 의심할 정도로 놀랐다. 그도 그럴 것이 강원도 두메산골에 어떻게 그 먼 밴쿠버에서 목사님이 오실 수 있나 싶어서였다.

목사님은 오랜 캐나다 이민생활 후에 노년을 한국에서 부모님도 모시면서 살고 싶어 일부러 오셨다고 하셨다. 특히 캐나다에서 문인협회의 일을 하시면서 글을 써오신 문인(文人)목사님이셨다. 그래서 그런지 부드러운 목소리로 말 한마디 한마디를 마치 시를 읊듯이 표현해주셨다. 더욱이 얘기를 나누다 보니 캐나다에 살고 있는 우리 부모님에 대해서도 알고 계셨다. 참으로 주의 세밀한 인도하심에 놀랍고 감사할 뿐이었다.

목사님 사택에서 차를 마시며 방 안을 둘러보니 동네 여기저기서 주워온 골동품(骨董品) 같은 옛날 물건들이며 돌과 나무로 방안이 가득했다. 옛 정취가 나는 물건들을 주어다가 장식을 하신 것이었다. 참으로 오랜만에 시적(詩的) 감흥에 도취되어 시골의 아늑함을 느낄 수 있던 밤이었다.

아내 친구 중에 일찍이 선교에 헌신한 친구가 있었는데, 선교사로 가지는 못하고 목회자의 사모가 되었다. 아내가 선교하러 간다는 소식을 듣고는 그때부터 지금까지 후원을 계속하고 있다. 액수와 상관없이 지속적으로 후원을 한다는 것이 쉬운 일이 아닌데 여간 고마운 일이 아니었다. 그 친구 사모는 충청북도 보은(報恩)이란 곳에서 목회를 하고 있었다.

우리 부부는 6월 중순 시간을 내어 보은중앙교회란 곳을 찾아갔다. 찾아가 보니 바로 유명한 속리산 근처에 있었다.

시골 교회 치고는 교회 규모가 큰 편이었다. 오후 설교를 부탁 받아 주님의 인도하심에 대해 간증을 했다. 어디서나 그렇듯이 하나님의 인도하심에 대한 간증은 심령을 깨우치는 힘이 있었다. 자신이 그렇게 순종하여 살기는 힘들어도 그렇게 사는 삶의 모습은 분명 도전이 되기 때문이다.

우리는 안식년 중 이곳 저곳의 교회들을 방문하면서 사도 바울이 각 교회와 성도들께 보낸 편지가 생각났었다. 그간 얼굴도 모른 채 기도하며 후원해주신 분들과 얼굴을 대하며 함께 주의 은혜를 나눌 수 있는 것에 깊이 감사 드렸다.

너희가 거룩하게 입맞춤으로 서로 문안하라. 그리스도의 모든 교회가 다 너희에게 문안하느니라. (로마서 16:16)

2010년 6월

"네 믿음이 너를 구원하였다."

2010년 11월 27일 이향주집사가 원장으로 있는 한일내과 클리닉에서
선교 감사의 밤으로 모였다. 오른쪽에서 세 번째가 이향주집사

    2008년 6월 이향주집사가 홀연히 일본을 떠난 다음달인 7
월, 평소처럼 한국에 있는 은행구좌를 조회해 보았는데, '이
향주' 이름으로 적잖은 돈이 들어와 있었다. 아마도 빚진 마
음으로 헌금을 한 것 같았다. 그러나 나의 마음은 정말 아무
것도 받고 싶지 않았다. 그런 마음이 들기는 처음이 아닌가
싶다. 그만큼 애정과 기대를 가졌었기 때문이었을까? 입금

한 돈을 돌려줄까 하는 생각도 들었다.

그런데 그때 주님의 음성이 들렸다.

"내가 주는 것이니 너는 받아라."

너무나 온유한 주님의 음성이었다. 거품처럼 올라왔던 나의 감정이 순식간에 가라 앉았다. 내가 아무리 사심 없이 향주집사를 가르치고 인도하였다 해도, 역시 나의 인간적인 감정이 묻어 나왔음을 주의 음성을 들으며 느낄 수 있었다. 한마디로 미웠다. 물론 사사로운 감정의 미움은 아니었다. 주를 배반한 자에 대한 분노 같은 것이었다.

그러나 주의 음성을 들으며, 과연 주께서 세 번이나 주를 저주하며 배반했던 베드로에게 책망하며 분노하셨던가?.. 성경에 그런 장면이나 말씀이 없었다. 다만 주님의 인자와 사랑에 그저 고개가 숙여질 뿐이었다. 그리고 그 음성은 진정 주를 배반하고 고향으로 떠났던 베드로를 찾아가 하셨던 말씀과 같았다.

"네가 나를 사랑하느냐?"

바로 내가 30년 전 들었던 그 음성과 같은 톤(tone)의 말씀이었다. 나의 모든 죄를 사하시고 끊임없이 부어주시는 은혜와 사랑에 아무 할 말이 없었다. 그냥 향주집사의 일은 접어두었다.

그런데 안식년으로 들어온 지 얼마 안된 5월 향주집사로부터 이메일(email) 한 통이 날라왔다. '안식년을 맞아 한국에 왔다는 얘기를 들었다. 한번 만나고 싶다. 여러 가지로 죄송한 것 밖에 없지만, 불쌍히 여겨달라. 빚진 자로 살아가지만 주께서 쓰시리라고 믿는다' 는 내용이었다.

사실 나는 이메일을 받고도 별 마음이 없었다. 벌써 2년이란 시간이 흘러 내 마음도 다 정리가 되어 있었다.

그런데 주께서 다음과 같이 말씀하셨다.

"만나 주어라."

또 "네 믿음이 너를 구원하였다."라는 말씀을 함께 주셨다. 혈루증(血淚症)으로 고생하던 여인이 믿음으로 예수님의 옷자락을 만지고 병이 낳았을 때 그 여인에게 하신 말씀이었다. 가만 생각해보니, 향주집사를 주의 말씀으로 권면하다, 나중엔 말씀으로 때리고, 결국 안 돌아서자 그 말씀의 칼로 냉정히 잘라 버렸다. 그 정도 했으면, 웬만한 사람은 돌아섰을 텐데 향주집사는 그 다음달부터 선교헌금을 하였다. 한편으로 생각하면, 당돌하게도 생각되었다. 그러나 주님은 그녀의 마음을 보시고 받아주셨다. 그리고 혈루증 앓던 여인이 믿음으로 주님을 만졌듯이 손을 내밀었던 향주집사를 잡아주셨다.

나는 주의 말씀에 순종하여 향주집사에게 전화를 하였다. 변함없는 목소리였다. 6월초 클리닉(clinic)을 찾아가 주신 말씀을 전해주고 병원을 위해서도 축복해 주었다. 언제나 그렇듯 주의 말씀에 순종하면 내 자신과 더불어 주변의 것들을 온전케 해주셨다. 나의 마음은 언제 그랬냐는 듯이 깨끗하게 비워져 있었다. 마치 새로 만든 리빙룸에서 향기로운 차를 함께 마시듯 향주집사와의 교제를 나눌 수 있게 되었다. 내가 생각해도 신기한 일이었다. 사람의 감정이라는 것이 내 마음 나도 모른다고 하지만, 주님은 내 마음을 바로 다스려주셨다. 말 그대로 평안이었다. 어떤 바람도, 어떤 파도도 몰아치지 않는듯한 절대 평안이 나와 함께 하였다.

그날 이후로도 나와 아내는 여러 번 클리닉을 방문하여 은혜의 교제를 나눌 수 있었는데, 아마도 안식년 동안 가장 많이 만난 사람들 중 한 사람이 아닌가 싶다. 특히 일본으로 돌아오기 전인 2010년말 향주집사의 클리닉에서 '선교감사의 밤'으로 모일 수 있었던 것은 안식년 중 귀한 열매의 시간이었다.

예수께서 돌이켜 그를 보시며 가라사대 "딸아 안심하라. 네 믿음이 너를 구원하였다." 하시니, 여자가 그 시로 구원을 받으니라.(마태복음 9:22)

2011년 2월

하나님의 선교

크고 견고한 바위 산, 철옹성과 같은 암산(巖山)

안식년을 마치면서 재미있고도 의미 있는 글을 하나 보게 되었다. '자연순환 유기농업'(自然循環 有機農業)이라는 것이 었는데, 한마디로 5무(無)의 농업이었다. 5무는 무(無)경운, 무(無)제초, 무(無)비료, 무(無)농약, 무(無)비닐을 말하는데, 우리가 알고 있는 상식적인 농업하고는 거리가 먼 이야기 같았다. 그러나 그 내용을 듣고 보니 참으로 놀라운 자연의 발견이라고 생각됐다.

5무 농업은 한마디로 땅을 건드리지 말라는 것이다. 땅을 갈아엎고 잡초를 제거하고 비료를 주면 땅이 갖고 있는 토양 생태계의 질서를 파괴하게 되어 결과적으로 토양의 균형을 깨트리고 자생력(自生力)을 떨어뜨리게 된다고 한다. 그러면 왜 지금 농업의 방식은 5무(無)가 아닌 5유(有)의 농업을 하고 있는 것일까? 바로 인간의 욕심 때문이라고 한다. 눈앞의 이익을 위해 쉽고 빠르게 보다 많은 것을 얻으려는 인간의 욕심.

이 욕심의 원리는 하나님의 나라를 전파하는 선교에 있어서도 비슷하게 작동하고 있지 않나 싶다. 교회나 선교가 단지 생산량을 증가시키는, 다시 말해 인간의 눈과 생각을 만족시키는 방향으로 돌아간다면, 그것은 결국 하나님의 뜻에 따라 하나님의 나라를 건설하는 것이 아니라 사람의 욕구대로 사람의 사업을 할 뿐이다.

중학교 시절, 버스를 타고 통학을 하였는데, 매일 아침 거쳐가는 길목에 채석장(採石場)이 있었다. 아침부터 요란한 소리를 내며 바위를 뚫는 기계 돌아가는 소리가 시끄러웠었다. 그런데 가끔 그 시끄러운 소리는 안 들리고 어디선가 갑자기 '꽝' 하고 폭탄 터지는 소리가 들리곤 했다. 나중에 알고 보니, 드릴(drill)로 뚫은 바위 구멍 속에 다이너마이트(dynamite)를 집어넣고 발파를 시켜 거대한 암석을 부숴내는 것이었다.

주님은 이 채석장의 기억을 일본에 와서 얼마 후 생각나게 하시며 주의 선교가 이렇게 될 것임을 알려주었다. 그렇구나! 바위산과 같은 일본을 공략하는 것은 교회의 기도로 뚫린 구멍에 주의 성령의 다이너마이트가 들어가 불이 붙을 때 가능한 것이구나! 라는 깨달음이 나의 머리를 맑고 시원하게 해주었다. 인간적인 생각만 한다면, 아무리 궁리하고 생각해도 지금의 선교는 그저 바위에 계란치기 꼴이 아닌가 싶어진다. 아마 이스라엘이 가나안 땅 앞에서 느꼈던 불신앙의 좌절감과 같지 않을까? 저들은 거인이고, 우리는 메뚜기와 같이 연약해 보이는 현실... 일본은 암산(巖山)과 같이 견고하고 단단하며, 교회는 달걀처럼 작고 연약해 보이는 모습...

선교지 일본에 와서 한 해, 한 해를 보내며 주께서 여러 가지를 말씀하시고 가르쳐 주셨는데, 그 중에 하나가 일본선교에 대한 자세였다. 뭐 워낙 일본이라는 나라가 척박(瘠薄)하고 황량(荒凉)해서 풍요로운 농사를 지을 생각도 못하는 곳이지만, 그렇다고 처음부터 포기하거나 이 땅은 당연히 안 된다는 낙담론(落膽論)으로는 하나님께서 세우신 놀라운 계획을 절대 이룰 수 없다는 것이다. 주께서 보내셨으니 당연히 그분의 계획과 뜻대로 이루어진다는 믿음 만이 참다운 선교의 모습이요, 또 교회의 모습일 것이다.

듣자 하니 어떤 교단은 일본 선교를 계획하고 10년간 20

억원을 쏟아 부었는데, 결과가 없다고 그만 철수했다는 얘기를 들었다. 그것은 세상의 기업과 다를 바 없는 행위일 것이다. 시작도 끝도 오직 하나님의 뜻과 계획에 따라 이루어져야 한다.

2003년에 일본 전도여행으로 왔을 때의 얘기다. 어느 교회에서 만난 어떤 한국인이 나를 보고 하는 말이 "일본에 왜 오시려고 하세요? 여긴 힘드니 다른 나라로 가세요."라는 것이었다. 나는 속으로 "사단아! 내 뒤로 물러가라!"고 외쳤다. 그때 이후로 한번도 '일본에 정말 가야 하나?' '일본에 계속 있어야 하나?' 라는 회의(懷疑)같은 것은 들은 적이 없다. 내 뜻과 계획이 아닌 주님의 계획과 명령을 따라왔기에 가능했다고 고백할 수 있다. 내 생각대로 무언가를 하려 했다면 벌써 포기하고 다른 곳으로 가지 않았을까 싶다.

> 너희는 가만히 있어 내가 하나님 됨을 알지어다. 내가 뭇 나라 중에서 높임을 받으리라. 내가 세계 중에서 높임을 받으리라. (시편 46:10)

은숙자매의 요깡

팔 앙금에 한천(寒天)을 넣어 만든 일본식 디저트 요깡(羊羹)

2011년 2월 안식년을 마칠 때가 거의 되어가는 어느 날 밤, 꿈에 은숙자매를 보게 되었다. 그런데 은숙자매의 얼굴은 기억이 안 나고, 한쪽 팔 등에 무언가가 들어있는 듯 불룩 나와있는 모습을 보았다. 손으로 만져보지는 않았지만 그것이 어떤 것일 거라는 느낌이 왔다. 마치 곤약(崑蒻)과도 같은 것이 크기나 느낌에 '요깡' (羊羹)처럼 느껴졌었다. 꿈이라고는 하지만 희한하기도 하고 재미있는 모습이기도 했다.

앞서 얘기했듯이 은숙자매를 처음 만난 것이 2004년 8월 경이었으니, 일본에서의 생활 대부분을 함께 했다고 할 수 있다. 이 책을 쓰며 지난 10년 간 은숙자매의 발자취를 살펴보았다. 발자취를 거슬러 올라가며 발견한 것은 재미있게도 2년마다 큰 변동이 있었다는 것이다.

먼저는 2005년 2월 우리가 마찌다(町田)에서 히가시구루메(東久留米)로 이사를 가면서 은숙자매와 헤어졌었는데, 2006년 8월 세타가야(世田谷)의 교회가 새로워지면서 합류하게 되었다. 2년 만에 새로운 곳에서 다시 만나게 된 것이다. 사실 교회 형편도 어려웠고, 은숙자매의 집도 멀어서 오기 쉽지 않은 상황이었는데, 자연스럽게 우리 교회에서 하나가 된 것이다. 이 또한 주님의 은혜가 아닐 수 없었다. 인정사정(人情事情)에 의해 만들어지는 교회가 아니라 주님의 뜻과 인도하심에 따라 이루어진 새로운 교회임을 다시 한번 느낄수 있었다.

그 다음 찾아온 변화는 이향주집사가 한국으로 돌아간 2008년 6월이었다. 내가 향주집사를 가르치고 또 함께 나눈 은혜는 함께 있지 않았던 은숙자매는 잘 몰랐을 것이다. 더욱이 향주집사가 떠나던 주일, 자칫 상처받을 수 있는 상황이 연출되기도 했다. 다들 떠나고 혼자 남겨진 상황에, 다시 몰아친 태풍은 아직 믿음이 연약했던 자매가 견디기 쉽지 않았을 것이다. 그러나 주님은 약한 가지가 꺾이지 않도록 잘

붙들어 주셨다. 역시 주님은 감당할 시험만을 허락하셨다.

다시 2년이 지난 2010년 3월 우리가 갑자기 하나님의 명령을 따라 안식년으로 한국에 들어가게 된 것이다. 좀 황당할 수 있는 상황에서 역시 주님은 은숙자매의 마음을 지켜주셨다. 그간의 시간이 헛되지 않았음을 다시 한번 감사하며 은숙자매에 교회를 부탁하고 한국으로 떠날 수 있었다.

사실 그전까지는 은숙자매하면 교회의 일군이라기 보다 상처를 치료받고 다시 회복해야 할 자매로 생각되었다. 2007년 가을 동네 근처 구민센터를 빌려 수요기도회를 한적이 있었다. 그때 처음으로 은숙자매를 위해 예언기도를 해주었다. 그간 일본 와서 누구에게도 예언기도를 해준 적이 없었다. 받는 사람도 원해야 할뿐더러 그 사람에게 유익이 될 때 해주어야 하기 때문이었다. 그런데 그날은 은숙자매를 위해 기도해주고 싶은 마음이 솟아 올랐다.

나는 은숙자매에게 손을 얹고 주의 말씀을 기다렸다.

"딸아! 네 속에 있는 못을 빼내버리거라.

그것이 네 몸과 마음을 계속 찌르고 있구나.

어서 빼버리거라."

나도 기도를 하며 놀랐다. 이 자매에게 이런 고통이 있었던가... 나는 은숙자매가 입으로 토설(吐說)하고 말씀대로 그 못을 빼내버릴 것을 권면했다. 그 이후 가끔 그 못에 대한 말씀을 잠시 나누기는 했으나 구체적인 것은 건드리지 못했다. 본인 몸 속에 있는 것이니, 본인 스스로 해결하는 것이 최고의 방법이었다. 자칫 잘못 건드렸다가는 못이 몸을 찌를 수도 있었기 때문이었다.

그러기를 3년이 훨씬 지난 2011년 2월 주님은 그 못에 대한 상태를 보여주신 것이었다. 이제 그 못은 온데 간데 없고, 녹고 불어서 이제는 요깡처럼 흐믈흐믈 해져버렸다. 더 이상 몸을 찌르고 위협하지 못했다. 나는 한편으로 너무 잘 됐다고 생각했다. 주께서 2년 터울로 자매를 훈련시키시더니 드디어 안식년 동안 그 못의 문제를 다 해결해 주신 것이다.

우리가 안식년으로 떠나 있던 그 해, 은숙자매에게도 참된 안식이 찾아오기 시작한 것이었다. 주님은 그렇게 지난 10년의 여정 속에 한 자매를 보내시고, 고치시고, 또 가르치시며 주의 사람으로 만들어 가셨다.

그 영광의 풍성을 따라 그의 성령으로 말미암아 너희 속 사람을 능력으로 강건하게 하옵시며…(에베소서 3:16)

두 번째 랜딩

2011년 크리스마스를 맞이하여 가족이 함께
왼쪽부터 첫째 남호(고2), 막내 남일(소6), 아내 미정, 둘째 남혁(중3)

    2011년 3월 8일 우리는 7년 전 처음 일본에 들어올 때처럼 나리타(成田)공항에 도착했다. 미국이나 캐나다로 이민(移民) 오는 사람들이 도착하면 '랜딩' 했다는 표현을 쓰는데, 영어의 랜딩(landing)은 말 그대로 땅(land)에 발을 디뎠다는 표현이다. 옛날 유럽에서 배로 대서양을 건너와 아메리카 대륙에 발을 디딤으로 시작된 이민 역사의 향취(香臭)가 나는 말일 것이다.

일본은 미국이나 캐나다처럼 이민의 문이 넓지 않다. 아니 열려있지 않다는 표현이 맞을 것이다. 최근 고급 인력에 대해 문을 열고 있다고 하나 폐쇄(閉鎖)적인 분위기는 마찬가지다. 미국이나 캐나다와 같은 이민 역사가 없기도 하지만 같은 아시아의 한국과 비교해도 더욱 문이 닫혀있다.

재미있게도 일본은 브라질로의 이민역사를 가지고 있다. 브라질에서는 1888년 노예제도 폐지와 더불어 노동력의 급감으로 어려움을 겪다, 처음에는 유럽으로부터의 이민정책을 세웠으나 임금 및 노동의 악조건 등 환경의 미비로 중단되고 만다. 일본도 1904년 러일전쟁 등 국내적으로 피폐해지는 경제 상황을 고려해 이민정책을 추진해왔었다. 이런 쌍방의 필요에 의해 브라질과 일본이 손을 잡음으로 1908년부터 브라질로의 이민이 시작된 것이었다.

100년이 넘은 브라질 이민역사로 브라질에는 150만 가량의 일본계 브라질인이 있다고 한다. 일본은 정치적, 경제적 상황이 달라지면서 1989년부터 일본계 브라질인들을 노동 인력으로 받아들이기 시작했다. 자신들이 뿌린 씨앗을 다시 거두어들인다는 차원의 정책이었으나 이미 브라질화 되어버린 일본인 자손들은 폐쇄적인 문화에 적응하지 못하고 다시 브라질로 돌아가는 경우가 많았다.

이처럼 일본은 밖으로 나가는 것은 몰라도 안으로 들어오는 것에 대해서는 심각한 거부반응을 가지고 있다. 일본의 도로나 집의 구조를 보면 금방 이해가 되는데, 오래된 지역일수록 길이 아주 좁고, 집 안의 구조도 마치 미로(迷路)처럼 좁고 협소하게 만들어져 있다. 이는 역사적으로 내분(內紛)이 많았던 탓에 서로를 믿지 못하고 적이 쳐들어오면 쉽게 접근하지 못하게 하려는 의식이 심겨져 있는 것이다.

우리는 영주권자도 아닌 중장기(中長期) 체류자이지만, 정식으로 종교비자를 받고 일본 땅을 다시 밟은 것이다. 아브라함이 가나안 땅을 자신의 발로 밟았듯이 우리의 발로 이땅을 밟았다는 것이 얼마나 중요한가! 하나님께서는 아브라함을 가나안 땅으로 인도하신 후 그에게 동서남북을 보이시며 이 모든 땅을 그에게 주시겠다고 약속하셨다. 우리가 일본으로 들어오기 전, 주님은 메그미(惠)상을 통해 시편 108편의 말씀을 주셨었다. 일본 전역을 주께서 통치하시겠다는 놀라운 약속의 말씀이었다. 일본의 북단 홋카이도(北海道)로부터 남단 오키나와(沖繩)에 이르기까지 주의 불 같은 역사는 반드시 성취될 것이다.

'아이들의 안식년'에서도 얘기했지만, 아직 학교를 다니고 있는 아이들로 인해 환경과 시간의 변화를 금방 느끼게 된다. 성인이 된 우리 부부에게는 외형적인 큰 변화가 없지만, 아이들은 당장 다시 일본학교로 돌아가야 하는 일이 남아있었다. 한국에서의 일년이 짧은 수도 있지만, 한창 자라나는 아이들에게는 무척이나 긴 시간이 될 수도 있다.

먼저는 큰 아이 남호가 다시 고2로 복학을 해야 되는 상황이었다. 가장 민감하고 중요한 시기인 고등학교 생활에 큰 지장은 없을까? 또한 전혀 우려되지 않는 바는 아니었다. 그러나 놀랍게도 남호의 입에서 자신의 동기들(3학년) 보다도 지금 2학년 아이들의 수준이 더 나은 것 같다는 말을 했다. 또한 매년 학년을 진급하면서 토익(TOEIC)이란 영어시험을 치르게 되는데, 1학년 때 보았던 시험보다 훨씬 좋은 성적이 나왔다. 1년간 학원을 다니며 공부를 한 것도 아닌데, 좋은 결과가 나왔다니 오직 주님의 은혜가 아닐 수 없었다.

그러나 진짜 문제는 둘째 남혁이었다. 남혁이는 이제 자기 학년인 중3으로 들어가야 했다. 앞서 말한 대로 일본에서는 반드시 고등학교 입시를 치러야 하기 때문에 중3을 '수험생'이라고 부른다. 한국의 고3 이상으로 민감한 시기가 아닐 수 없다. 어느 고등학교를 가느냐에 따라 대학 진학도 어느 정도 결정되기 때문이다. 지난 1년간 한국에서 한국말을 배우며 이러 저런 고생하느라 일본 중학교 2학년을 건너뛴 남혁이가 3학년에서 제대로 해나갈 수 있을까 하는 생각이 들었다. 그러나 하나님의 명령에 순종하여 다녀온 안식년이다. 주님께서 아이들에게 손해를 입게 하실 리가 없었다.

2012년 2월 23일 형이 치렀던 같은 날, 같은 학교에서 남혁이는 고입시험을 치렀다. 사실 첫째보다 좀 더 신경이 쓰였던 것은 사실이었다. 어려서부터 첫째가 공부를 좀 더 잘

했고, 지난 1년 간의 공백도 마음에 걸렸기 때문이었다. 준비를 해나가며 가능성을 높이기는 했으나 시험은 시험이었다. 더욱이 같은 중학교에서 총 4명이 지원을 했는데, 같은 반에서도 자기 보다 더 잘하는 아이가 같은 학교를 지원했다는 것이었다.

시험을 보고 온 남혁이의 입에서 의외의 말이 튀어나왔다. 평소 약하던 국어는 거의 다 맞은 것 같다고 하고, 평소 잘하던 수학은 좀 헤맨 것 같다고 하고, 제일 관건이 되는 영어는 그저 그런 것 같다는 말이었다. 아니 이건 또 무슨 말인가? 그럼 잘못 봤다는 건가? 아니면 괜찮다는 건가? 뚜껑을 열어보기까지는 알 수 없는 일이었다.

일주일 후 남혁이가 친구랑 발표를 보러 갔다. 그러나 학교 입구부터는 같이 들어가지 못하고, 따로 따로 혼자서 발표를 보러 갔다고 했다. 너무 긴장돼 같이 보러 갈 수 없었단다. 같은 학교 4명 중 남혁이가 제일 먼저 발표를 보러 갔는데, 자기 번호가 있는 것을 보고는 깡충깡충 뛰었다고 했다. 결과 남자 둘, 여자 둘 중, 여자 남자 하나씩 둘이 붙었다. 여자 아이 하나는 자기보다 더 잘하는데 왜 떨어졌는지 모르겠다고 했다. 그거야 너는 하나님의 은혜로 붙은 것이라고 말해주었다. 주님은 겸손 하라고 자신 있는 과목은 낮추시고, 자신 없는 과목은 올려주셨다. 둘째 남혁이도 입시를 통해 믿음의 파도타기를 잘 배울 수 있었다.

막내 남일이는 비교적 한국생활을 즐기며 지냈던 것 같았다. 말랐던 체형이 한국에서 살이 쪄서 통통해질 정도였으니 말이다. 그런데 다시 일본으로 돌아오니 언제 그랬냐는 듯이 살이 다시 쭉 빠져버렸다. 역시 학교 환경이나 문화가 달라서 그런 것 같았다. 남일이는 2012년 3월 무사히 소학교 6학년을 마치고 졸업한 후, 4월 형들이 다녔던 사쿠라가오카(櫻丘) 중학교로 진학하여 잘 다니고 있다.

> 너희 자녀들아 와서 내 말을 들으라. 내가 여호와를 경외하는 법을 너희에게 가르치리로다.(시편 34:11)

하나님의 타이밍

3.11 대지진으로 발생한 쓰나미(津波)가 마을을 덮치고 있는 모습

2011년 3월 11일 오후 2시46분.

나는 자동차 안에서 도호쿠(東北)지역에 지진이 발생했다는 뉴스를 듣고 있었다. 평소 찬양 CD를 듣고 다녔는데, 아마도 한국에서 돌아온 지 얼마 안되어 CD를 안 넣어 두었던 것 같았다. 나는 그저 늘 있는 지진 뉴스인가 보다 싶었다. 나는 차를 돌리려고 큰 길에서 골목으로 들어서서 차를 멈춰 세웠다. 그 순간 차가 요동치기 시작했다. 마치 파도 치는 배 위에 서 있는 기분이었다. 일본에 와서 지진을 여러 번 경험했지만 그처럼 심하게 흔들린 적은 없었다.

나중에 집에 돌아와보니 아내와 막내가 밖에 나와 있었다. 도호쿠지역에 진도(震度) 7(M 9.0)의 강진이 발생해 큰 난리가 났다는 것이었다. 어쩐지 지진의 강도가 심하다 싶었다. 도쿄(東京)에도 진도 5강이라는 근래에 드문 강진(强震)이 몰려왔던 것이다. 당시 집에는 아내와 막내가 있었는데, 하도 흔들려서 처음에는 식탁 밑으로 들어갔다가 안되겠다 싶어 밖으로 피신 나왔다고 했다. 집에 들어와보니, 찬장의 그릇들이 떨어지고 깨지기도 했다. 다행히 다른 큰 피해는 없었다.

가만 생각해보면, 나는 차를 운전하고 있었기 때문에 큰 길에서 속도를 내고 있었다면 위험한 상황이기도 했다. 그때 라디오에서 지진 뉴스를 듣게 되었고, 더욱이 차를 돌리려 일단 차를 세운 때에 지진이 와서 그나마 다행이라는 생각이 들었다. 주께서 지켜주신 은혜가 아닐 수 없었다.

그때는 우리가 안식년을 마치고 집에 돌아온 지 불과 3일밖에 되지 않은 때였다. 1년간 집을 비웠었기 때문에 이런저런 해야 할 일들이 많았다. 전기, 가스 등을 시작으로 집안 청소며 당장 먹을 식료품이며 새로운 생활의 준비로 바쁜 가운데 있었다. 어느 정도 정리가 되고 안정이 되고 나니 지진이 일어난 것이었다.

지진이 지나간 후에는 마치 전쟁이 일어난 듯한 기분이었다. 텔레비전에서는 매일 같이 시커먼 쓰나미(津波)의 격류

(激流)가 마을을 덮치는 장면이며, 이런 쓰나미로 얼마나 많은 사람이 죽었는가를 보도하는 소식뿐이었다. 동네 슈퍼에선 물건 사기 전쟁이 벌어졌었다. 슈퍼에 가도 물이며 쌀이 동이 났고, 식빵 같이 흔한 식료품도 한 개씩 밖에 살 수 없었다. 우리가 살던 지역은 괜찮았지만, 전기가 끊겨 암흑에서 보낸 지역도 있었다.

며칠이 지나자 이번엔 후쿠시마(福島) 원자력 발전소 폭발 사고가 뉴스를 채우기 시작하였다. 말 그대로 설상가상(雪上加霜)이었다. 지진과 쓰나미로 인한 피해만으로도 피해지역은 아비규환(阿鼻叫喚)일 것인데, 엎친 데 겹친 격으로 방사능(放射能)의 피해가 시작된 것이었다. 밀고 들어왔던 쓰나미는 수일 후 빠져나갔지만, 방사능의 두려움은 점점 일본 전역으로 퍼져나가기 시작했다. 당장 후쿠시마 원전 근처의 마을들이 폐쇄되고 사람들이 격리되기 시작했다. 피난 아닌 피난이 시작된 것이었다.

방사능의 피해는 지금도 계속 되고 있는 재앙이지만, 그때를 생각해보면 참으로 주님의 타이밍(timing)이 놀라웠다. 먼저는 우리가 일본에 들어오고 난지 삼일 만에 지진이 일어났다는 것이다. 만일 우리가 도착한 날에 지진이 일어났다면 어땠을까? 아무 준비도 없이 제대로 생활이나 할 수 있었을까? 하는 캄캄한 생각이 든다. 삼 일간의 준비기간을 주시고 예비케 하신 주님께 감사할 뿐이다.

또 하나의 타이밍은 주께서 우리가 일본에 들어온 후 지진을 일으키셨다는 것이다. 만일 우리가 일본에 들어오기 전에 지진이 일어났었다면 어땠을까? 당시에 도쿄에서도 수많은 외국인들이 해외로 빠져나가는 러쉬(rush)행렬이 있었다고 한다. 쓰나미 만이 아니라 핵(核)발전소 폭발로 인한 방사능 피해 때문이었다. 일본에 있는 사람들도 밖으로 나오는 판국이니, 우리가 한국에 있었다면 참으로 다행이라고 생각하고 한국에 계속 머물렀을까?

나는 우리가 일본에 들어온 이후에 지진을 보내신 하나님께 깊이 감사한다. 바로 우리가 있어야 할 자리를 지키도록 하셨기 때문이다. 우리가 처음 일본에 들어왔던 2004년 10월에도 니가타(新潟)지역에서 진도 7의 강진이 있었다. 당시 도쿄는 진도 3정도였지만, 그래도 처음 겪는 지진의 공포는 대단했다. 당시 교회 3층에 있었는데, 건물이 앞뒤로 흔들흔들거렸다. 묘한 불안과 공포가 엄습함을 느꼈다.

그러나 이런 지진의 나라 일본에서 지진을 경험하고 체험하지 못했다면 진짜 일본을 이해하기 힘들 것이다. 더욱이 일본선교를 위해 왔다면 당연히 역사적으로 중요한 시점에 같이 발을 땅에 붙이고 있어야 할 것이다. 주님은 우리가 처음 온 그 해에도, 또 안식년을 마치고 다시 시작하는 2011년에도, 이 땅을 흔드시는 역사적인 자리에 있게 하셨다.

마지막으로 더욱 놀라운 것은 주의 말씀이 성취되어 가는 것을 몸으로 체험하도록 하셨다는 것이다. 주님은 마지막 때에 큰 지진이 세계 곳곳에서 일어날 것이라고 예언하셨다. 우리는 지금 그 예언의 한복판에 살고 있다. 언제라도 주님이 오실 수 있는 이 마지막 때에 주의 말씀이 성취되는 것을 몸으로 느끼며 살도록 깨우쳐 주시는 주님께 오직 감사드릴뿐이다.

> 민족이 민족을 나라가 나라를 대적하여 일어나겠고 곳곳에 큰 지진과 기근과 전염병이 있겠고 또 무서운 일과 하늘로부터 큰 징조들이 있으리라.(누가복음 21:10-11)

일본중앙선교교회

日本中央宣教教会
JAPAN CENTRAL MISSION CHURCH

　2005년 5월 "중앙으로 가라!" 는 주의 말씀을 듣고 중앙으로 나오기 시작한지 벌써 6년이 지났다. 무슨 교회를 세운다든지, 선교센터를 세운다는 계획이 있던 것도 아니다. 그저 주의 말씀에 순종하여 중앙을 향하여 나갔을 뿐이었다. 주의 말씀에 순종하는 가장 단순(單純)한 방법이 가장 고차원(高次元)적인 주의 창조의 능력을 체험하게 해주리라 믿는다.

　창조주 하나님의 말씀을 보면, 처음 창조시의 세상과 인간은 지금과는 비교도 안 되는 놀라운 모습이었다. 완벽한 파라다이스(paradise)였던 에덴동산에는 추위와 더움은 물론 어떤 해(害)도 없던 곳이었다. 인간의 죄로 말미암아 영생의 선물을 빼앗긴 후에도 인간은 천 년을 살 수 있는 놀라운 자연

환경 속에 있었다.

그러나 이런 천혜(天惠)의 자연환경도 결국 인간의 죄로 말미암아 파괴된다. 노아시대 40주야(晝夜)를 쏟아져 내린 물이 바로 이 세상을 외부로부터 보호하던 하늘의 보호막이었다. 결국 하나님의 말씀에 불순종한 죄의 대가는 영생의 선물을 빼앗기고, 불순종의 아들 가인의 후손들이 만든 죄악의 문명은 결국 하나님의 완벽한 자연환경이 파괴되는 심판의 결과를 가져온 것이다.

살아계신 하나님을 믿고 그분의 말씀대로 순종만 한다면 우리는 주님의 놀라운 일들을 체험하게 될 것이다. 하나님께서는 지금도 계속해서 성령의 전파를 이 세상 사람들을 향해 쏘고 계신다. 누구든 응답하여 버튼을 누르면 하나님과 통화할 수 있다. 성령의 전파를 받을 수 있는 핸드폰은 바로 성경 말씀이다. 그러나 핸드폰만 있다고 해서 통화가 되는 것은 아니다. 먼저 통신회사에 자신의 이름을 등록을 해야 한다. 즉 자신의 신앙을 고백하고 하나님과의 관계가 열려지지 않으면, 다시 말해 성령의 전파가 나에게 개통되지 않았다면 나의 성경은 통화할 수 없는 핸드폰과 같다.

요즘과 같은 스마트 폰(Smart Phone) 시대에 살면서 과연 얼마나 많은 사람들이 성령의 전파를 통해 하나님과 교통하며 살고 있을까? 벌써 2천년 전 주님은 성령을 보내주실 것을 약속하셨고, 그 약속대로 성령님은 이미 이 땅에 오셨다. 그런데 아직도 성령과 상관없이 살아가는 크리스천들이 많지 않은가? 분명 교회도 다니고 성경도 읽고 심지어 많은 봉사도 하고 있지만, 성령과는 상관없는 신앙생활을 하고 있지는 않은가? 예수님 당시에도 누구보다 하나님을 잘 알고 믿는다던 바리새인, 율법학자, 서기관들이 있었다. 그러나 그들은 성경에 기록된 대로 오신 메시아(Messiah) 예수님을 자신들의 손으로 십자가에 못박아 죽었다. 어떻게 그런 일이 일어날 수 있었을까? 바로 그들의 진짜 영적 실체는 성령이 아니라 악령이었기 때문이었다. 그래서 예수님도 그들을 향해 독사의 자식들 즉, 사단의 무리라고 실날하게 비판하셨던 것이다.

성경에 예언된 대로 오신 메시아 예수 그리스도를 부인했던 것처럼, 지금도 성경의 예언대로 오신 보혜사 성령님을 부인하는 사람들이 있다. 입으로는 시인하나 행동으로는 부인하는 사람도 있다. 심지어 성령의 역사 조차도 부인하는 영적 무지(無知)나 패역(悖逆)은 또한 무엇인가?

먼저는 사단의 공격이다. 누구보다 성령과의 교통을 방해하는 것이 바로 우리의 영적 원수인 사단이기 때문이다. 바로 안 보이는 악령의 역사가 최첨단 21세기 크리스천들의 눈과 귀를 막아 영적 바보를 만들고 있다.

다음으로는 신학교과 교회의 역할일 것이다. 교회 지도자를 키워내는 신학교에서 성령의 전파가 끊어진 성경이나 신학을 가르친다면, 과연 그 신학생은 어떤 목회자가 될 것인가? 또 그런 목회자들이 과연 교회에서 성령과의 교통을 성도들에게 가르칠 수 있을까? 예배 시마다 축도의 한 구절로 쓰여지는 '성령의 교통하심'은 진정 이루어질 수 있을까?

그러나 무엇보다 중요한 것은 성도 개인일 것이다. 그 어떤 조건과 환경 속에서도 주님과 진리를 찾고자 하는 자에게는 주께서 길을 열어주시기 때문이다. 한국교회에 아무리 문제가 많아도 풍성한 은혜의 환경이 갖추어져 있다. 주를 따르고자 하는 순종의 마음만 있다면 얼마든지 성령님과 교통할 수 있다.

많은 사람들이 신앙생활에 대해 오해하는 부분은 영(靈)과 육(肉)을 구별하지 못한다는 것이다. 신앙생활 자체가 영적인 것임에도 불구하고 신앙생활 속에 많은 육적인 요소들이 들어있다. 교회 건물부터 시작하여 목회자, 성도 등등 눈에 보이는 외형적인 것들에 의해 움직인다. 요즘 교회들이 막대한 재정으로 건물을 짓고, 최첨단 기기들을 사용하여 예배를 드리고, 세상 문화에 못지않은 문화 수준을 유지한다 해도, 성령의 말씀을 통해 주님을 따르지 못한다면, 그것이야말로 라오디게아교회같이 말세(末世)적이고 육적인 생활에 불과할 것이다.

안식년을 마치고 돌아와 새해를 맞이하는 2012년, 교회명을 '일본중앙선교교회'로 바꿨다. 나에게 주신 사명을 그대로 표현한 것이다. 일본의 중앙에서 선교하는 교회. 간단해 보이는 이름 같으나 사실 그리 간단한 이름은 아니다. 일본의 중앙에서 선교한다는 것은 사단의 권좌(權座)가 있는 어둠의 나라에 하나님의 나라를 세운다는 의미이다. 다시 말해, 사단과의 영적인 큰 싸움을 해야 한다는 말인데, 이런 일은 사람의 힘으로 감당할 수 있는 일이 아니다. 다만 전지전능하신 주님의 뜻과 능력으로만 가능한 일이다. 일본중앙 선교교회는 주님이 주신 선교의 사명을 이 땅에 이루기 위해 오직 그분의 말씀과 명령에 순종하여 앞으로 나아갈 뿐이다.

볼지어다 내가 문 밖에 서서 두드리노니 누구든지 내 음성을 듣고 문을 열면 내가 그에게로 들어가 그와 더불어 먹고 그는 나와 더불어 먹으리라. (요한계시록 3:20)

일본선교의 청사진

일본 지도. 위쪽 머리 모양이 홋카이도(北海道) 아래쪽 머리 모양은 규슈(九州)
마치 위 아래로 불을 뿜어내고 있는 두 마리의 용처럼 보인다.

　일본은 국토가 약 37만 평방 킬로미터로, 인구 1억2천 7백
만명이 살고 있는 비교적 큰 나라이다. 국토의 면적은 유럽
의 독일과 비슷해서 세계 62위 정도이나(참고로 한국은 99위),
인구수는 세계 10위(한국 25위)로 러시아 다음으로 많다. 그

럼에도 복음화 율은 1%에도 미치지 못하고 있다. 그것도 통계적인 교회 인구를 말하는 것이고, 실제 주일 예배에 참석하는 사람들은 0.2% 정도에 그친다고 하니, 정말 눈에 불을 켜고 교회를 찾아도 찾기 힘들다는 말이 맞는 것 같다.

일본은 이미 1549년 예수회 소속 프란시스코 자비에르(Francisco de Xavier)신부에 의해 복음 전파가 시작되었다. 그 후 어느 정도 복음화 율이 증가되기는 했으나 한국에도 익히 알려진 도요토미 히데요시(豊臣秀吉)에 의해 1587년 기독교가 금지되었고, 도쿠가와 이에야스(德川家康)에 의해 시작된 에도시대(江戶, 1603년~1868년)에는 철저하게 핍박을 받게 된다. 이때에 쓰였던 악랄(惡辣)한 수법 중의 하나가 바로 '후미에'(踏み繪)이다. '후미'(踏み)는 밟는다는 의미이고, '에'(繪)는 그림을 뜻하는데, 바로 예수 그리스도의 성화(聖畵)를 밟고 지나가게 한 것이다. 에도의 '바쿠후'(幕府, 무신정권)는 사람들의 기독교 신앙을 말살(抹殺)하고자, 성화를 밟고 지나가는 자는 놔주고, 밟지 못하는 자는 잡아 고문하거나 죽였다고 한다.

특히 자비에르신부에 의해 복음이 시작된 일본의 남부 끝단 가고시마(鹿兒島)와 특히 나가사키(長崎)에서는 당시 수많은 크리스천들이 가족들과 더불어 순교를 당했다고 한다. 순교 역사를 보면 순교자의 수는 30만을 육박한다고 기록되어 있다. 하나님께서 요나를 보내셨던 니느웨 성읍이 생각이 난다. 니느웨 성읍 사람들이 회개하고 돌아오는 것을 오히려 못마땅하게 여겼던 요나에게 하나님께서는 "이 큰 성읍 니느웨에는 좌우를 분변하지 못하는 자가 십이만 여명이요"(요나4:11)라고 말씀하셨다. 다시 말해, 당시 니느웨에는 판단능력(判斷能力)이 없는 3세 이하의 영유아(嬰乳兒)가 12만 명이나 있었던 것이고, 하나님께서는 그 영혼들을 특별히 배려하셨던 것이다.

이 말씀은 아브라함이 소돔성을 놓고 하나님과 담판(談判)을 벌이던 장면을 생각나게 한다. 소돔성을 심판하러 내려오신 주께 아브라함은 주께서 의인을 악인과 함께 멸하려 하시느냐? 만약 성중에 의인 오십 명이 있어도 멸하실 것인가? 즉, 심판의 대상은 악인이나 심판의 기준은 의인에 좌우된다는 것이다. 아브라함은 결국 의인 열명이 있다면 소돔성을 심판하지 않겠다는 하나님의 약속을 받아낸다.

과연 일본에는 지금 의인이 몇 명쯤이나 있을까? 성경에는 인수(人數)로 나와있으나, 의미적으로 본다면 퍼센티지(percentage)로도 생각해볼 수 있을 것이다. 적어도 주일예배를 드리는 인구로 본다면 대략 0.2%... 니느웨의 예로 본다면, 요나 당시의 니느웨에 60만 정도가 살고 있었다고 하니, 영유아의 비율은 5분의 1 즉, 20% 정도는 되었다. 그러나 현재 일본에 3세까지의 영유아는 약 400만명 정도가 되는데, 전체 인구의 약 3%정도 밖에 되지 않는다. 그리고 보면 일본은 크리스천 인구로는 명함도 못 내밀고, 영유아의 비율로도 니느웨에 한참도 못 미치는 깜깜한 현실이다. 저 출산의 문제는 단지 사회고령화의 문제만이 아니라 국가의 존망을 가르는 심판의 기준으로서도 큰 역할을 하고 있는 셈이다.

2011년 3.11 대지진 직후 주신 말씀이 이사야 19장의 말씀이었다. 애굽에 대한 경고의 말씀인데, 애굽 대신에 일본을 넣어 읽으면 상황들이 정확히 떨어질 정도로 놀라운 말씀이었다.

> 애굽(일본)에 관한 경고라. 보라 여호와께서 빠른 구름을 타고 애굽(일본)에 임하시리니, 애굽(일본)의 우상들이 그 앞에서 떨겠고 애굽(일본)인의 마음이 그 속에서 녹으리로다.
>
> 여호와께서 그 가운데 어지러운 마음을 섞으셨으므로 그들이 애굽(일본)을 매사에 잘못 가게 함이 취한 자가 토하면서 비틀거림 같게 하였으니, 애굽(일본)에서 머리나 꼬리며 종려나무 가지나 갈대가 아무 할 일이 없으리라.
>
> 여호와께서 애굽(일본)을 치실지라도 치시고는 고치실 것이므로 그들이 여호와께로 돌아올 것이라. 여호와께서 그들의 간구함을 들으시고 그들을 고쳐 주시리라.
> 이사야 19장 1, 14~15, 22절

위의 말씀을 보면 일본을 향한 하나님의 뜻은 결코 심판이 아님을 알 수 있다. 저들이 어리석은 우상들을 버리고 참된 창조주 하나님께로 돌아오길 기다리고 계신 것이다. 여기에 일본의 재앙, 재난의 비밀이 감추어져 있다. 한번은 어느 일본 크리스천이 나에게 왜 하나님께서는 일본에 이렇게 많은 재난을 보내시는지 모르겠다는 불평 섞인 질문을 한 적이 있다. 그 대답을 한마디로 한다면 일본의 회개다.

위의 22절 말씀에 나온 대로 하나님께서 일본을 치시는 이유는 저들이 깨닫고 주께로 돌아오기를 기다리시기 때문이다. 현재 일본에는 의인도 영유아도 턱없이 부족하지만, 이 땅에 피를 흘리고 죽어간 수많은 순교자들이 있다. 앞서 얘기한대로 이 땅에는 30만 순교자들의 피가 흐르고 있다. 에도시대 당시 인구가 대략 3천만명 정도라고 하니 인구비율로 보면 1%에 지나지 않으나 그 피 값은 백배를 더해도 모자람이 없을 것이다. 하나님께서 일본을 쉽게 버리실 수 없는 중요한 이유가 아닐 수 없다. 지금도 순교자의 영혼들은 하나님의 보좌 앞에서 이 땅과 이 민족을 위해 부르짖고 있을 것이다. 어서 속히 어둠의 권세에서 이 나라와 민족을 구해달라고 말이다.

일본의 3.11 대지진 같은 대재난을 보면서, 평소 얄밉고 못되게 굴더니 잘됐다는 악감정(惡感情)에 어딘가 모르게 시원함과 고소함을 느낀 사람도 있을 것이다. 지난 3.11 대재

난으로 약 2만명의 사람들이 목숨을 잃었다고 한다. 결코 적지 않은 수의 사람들이 일순(一瞬) 대재앙의 희생물이 되었다. 만일 앞서 본대로 전체 인구의 0.01%에 해당되는 2만명의 사람들로 인해 이 나라, 이 민족이 구원받을 수 있었다면 어땠을까?

가깝게는 지난 100년간 이 땅에 많은 재앙, 재난들이 있었지만, 아직 이 땅에 진정한 회개는 일어나고 있지 않다. 하나님께서 심판의 강도를 더해가며 기다리시는 이유가 여기에 있다.

> 다섯째 인을 떼실 때에 내가 보니 하나님의 말씀과 그들이 가진 증거로 말미암아 죽임을 당한 영혼들이 제단 아래에 있어 큰 소리로 불러 이르되 거룩하고 참되신 대주재여 땅에 거하는 자들을 심판하여 우리 피를 갚아 주지 아니하시기를 어느 때까지 하시려 하나이까 하니...(요한계시록 6:9-10)

2012년 7월

넓어진 하늘 길

2010년 10월 새로이 개항한 하네다(羽田) 국제선 터미널

　우리가 2010년 안식년으로 한국에 가있는 동안 도쿄 하네다(羽田)국제공항이 새롭게 문을 열었다. 전에도 국제선이 없었던 것은 아니었다. 1931년 하네다 비행장으로 시작하여 일본을 대표하는 국제공항으로 역할을 하다, 1978년 치바현(千葉縣)의 나리타(成田)국제공항이 새로이 문을 열면서 하네다는 국내선 전용공항으로 전락해 버렸다.

　그러던 중, 2001년 한국에도 인천국제공항이 새로이 문을 열면서 김포국제공항도 하네다 공항처럼 국내용으로 전환되었다. 그런데 그 이듬해인 2002년 한일 공동 월드컵을 계기로 서울과 도쿄를 잇는 항공노선이 실제는 인천공항과 나리타 공항을 이용하게 되어있어 불편할 수 밖에 없었다. 그 불편함을 해소하고자 잠정적으로 김포와 하네다 공항에 국제선을 취항시키게 되었는데, 월드컵인 끝난 후에도 김포-하네다 선이 인기를 끌자 이 비행노선은 점점 더 횟수를 늘려가게 됐고. 급기야 2007, 2008, 2009년에 연속하여 상하이(上海), 홍콩(香港), 베이징(北京)을 잇는 노선들이 생겨나기 시작했다.

그러나 2002년에 생긴 국제선터미널은 말이 국제선이지 어느 시골 버스터미널 같은 규모로 형편없었다. 그리하여 점점 늘어나는 수요와 더불어 아시아의 허브(hub, 거점)공항으로서의 명성을 되찾고자 2010년 10월 새로이 개항하게 된 것이다. 우리도 안식년을 마치고 일본으로 돌아올 때 하네다 공항을 통해 들어왔었는데, 깨끗하고 넓은 것이 이제야 비로소 국제공항 역할을 하겠구나 라는 느낌이 들었다.

그런데 가만 생각해보니, 하네다 공항은 우리의 선교 사역과도 적잖게 관련된 곳이다. 하네다 국제선이 본격화된 2002년에 우리는 캐나다에 있었는데, 그 해 10월에 일본선교 명령을 받았다. 그 후 일본에 들어와서도 한국에 나갈 때나 한국에서 손님들이 오실 때나 하네다 공항은 중요한 출입구 역할을 해주었다. 나리타 공항에 비해 훨씬 거리도 가깝고 그만큼 시간과 돈도 절약되었다. 현재 우리가 살고 있는 세타가야(世田谷)구에서는 차로 불과 40~50분이면 도착할 수 있는 가까운 거리에 있다.

하네다 국제공항과 더불어 하나님께서 한국으로의 길을 더 넓혀주신 것이 있는데, 바로 공항 출입 제도가 달라진 것이었다. 작년 2012년 7월에 일본의 출입국 관리법이 바뀌어서, 전에 같으면 외국으로 출국했다 다시 일본으로 들어 을 경우, 외국인의 경우엔 재입국(再入國) 신청을 해야 했었다. 물론 비자의 기간 내에서 단수(單數, 3천엔)냐 복수(複數, 6천엔)냐에 따라 돈을 지불하고 신청해야 하는 번거로움과 재정적 부담이 있었다. 그런데 출입국법이 바뀌면서 비자를 받기만 하면 그 기간 내에서는 재입국 신고를 하지 않아도 자유롭게 출입국이 가능하게 된 것이다. 여러 면에서 편리해진 것은 말할 나위가 없다.

이런 일의 배경에는 외국인 관리법이 바뀌었기 때문이었다. 전에는 외국인이 비자를 받고 일본에 들어와 자신이 거주하는 지역의 행정사무소에 신고를 하면 외국인등록증을 신분증으로 받게 되어 있었다. 그런데 이제는 외국인도 일본인과 똑같이 주민등록을 하게 되어있고, 주민등록을 하면 그 자료가 출입국 관리국과 연결되어 외국인 관리가 보다 효율적이고 쉬워지게 된 것이다. 따라서 전에 지역에서 발급받던 외국인등록증은 없어지고 출입국 관리국에서 직접 발행하는 체류(滯留)카드라는 것을 발급받는다. 이는 불법

체류나 취업을 막기 위한 방편이기도 한데, 정식 비자를 발급받은 사람들에게는 해외로의 출입국이 훨씬 수월해진 것이다. 외국에 나갔다 들어올 때도 주민등록이 되어있는 외국인은 재입국 라인에서 신속하게 입국심사를 받을 수 있어 더욱 편리해졌다.

이제 주께서 넓혀주시는 하늘 길을 통하여 어떤 사역들이 이루어져갈지 더욱 기대해본다.

> 길을 여는 자가 그들 앞에 올라가고 그들은 길을 열어 성문
> 에 이르러서는 그리로 나갈 것이며 그들의 왕이 앞서 가며
> 여호와께서는 선두로 가시리라. (미가 2:13)

글을 마치며

지난 10년의 시간을 기억을 더듬어 오르락 내리락 하는 일은 마치 타임머신(time machine)을 타고 과거와 현재를 드나들듯이 시공간을 초월하는 놀라운 경험들이었다. 현 세계에 타임머신이라는 것은 없지만, 적어도 과거의 경험들이 살아있듯이 느껴질 때는, 바로 당시 경험자들이 지금도 살아 서로 대화를 할 때일 것이다. 비록 그 시간과 장소는 지나갔지만, 적어도 그때의 경험은 함께 공유할 수 있기 때문이다.

선교 10년의 시간을 정리하면서 과거의 일들이 현재의 것처럼 생생하게 느껴졌던 것은 바로 나를 부르시고 인도하신 주님과의 대화가 늘 가능하기 때문일 것이다. 때마다 시마다 주님은 나에게 방향 표시와 같은 중요한 말씀들을 내 귀에 들려주셨다. 당시에 들었던 주님의 말씀 한마디면 그때의 모든 기억이 살아 움직이듯이 내 앞에 펼쳐졌다. 나를 아시고 인도하신 그분께서 모든 것을 아시고 계시기 때문이다.

이 책의 제목처럼 이 책의 중심축은 믿음이다. 하나님을 향한 믿음이 아니고서는 이 책에 기록된 내용들이 일어날 수 없었을 것이며, 또한 이 책도 존재할 수 없었을 것이다. 이 책은 믿음의 바로미터(barometer)처럼 하늘을 향하고 있다. 그 어떤 것도 하늘을 향하고 있지 않다면, 감히 무의미하다고 말할 수 있을 것이다. 영생의 주인이시요, 그분의 나라인 저 하늘과 연하여 닿아있지 못하다면 그것은 잠시 있다 없어지는 것에 불과하기 때문이다. 영원한 생명의 나라에 들어갈 수 있는 것이라면 그 어떤 것도 가치 있고 귀하고 유익할 것이다.

그런 의미에서 믿음은 가장 귀하고 값지다. 정금 같은 순수하고 깨끗한 믿음만이 우리를 영원한 하나님의 나라로 인도해줄 수 있기 때문이다. 내가 지난 선교 10년의 시간 속에서 배운 가장 귀한 교훈도 바로 이것이었다. 결국 선교는 이 땅에 하나님의 나라를 세우는 것인데, 좀더 정확히 말한다면 하나님의 나라를 알려 그 나라에 들어가게 하는 것일 것이다. 내가 지닌 믿음의 빛이 강하면 강할수록 그 빛은 더멀리 그리고 더 강하게 어둠을 비출 수 있을 것이다. 주께서 주신 빛은 이 땅을 변화시키고 저 땅끝까지 비추어져 나갈 것을 믿어 의심치 않는다.

마라나타!

2013년 7월 22일
사쿠라의 언덕에서